미술경매 이야기

차례
Contents

03 프롤로그 - 즐거운 미술경매 05 미술경매 기초지식 22 미술경매의 현장들 36 역사에 남은, 역사에 남을 컬렉터들 49 역사에 남은, 역사에 남을 딜러들 63 경매의 스타 작가들에게는 다 이유가 있다 78 컬렉터 되어 보기

프롤로그 - 즐거운 미술경매

"9000만 원 나왔습니다, 9000만 원. 9500 있으십니까? 9500? 없으십니까? 팔리겠습니다. 9000만 원입니다."

경매사가 망치를 두드리고 낙찰을 선언하자마자 스크린에는 다음 작품의 이미지가 뜬다. 경매사는 "다음은 작품번호 ○번, ○○○의 ○○○입니다" 하면서 곧바로 다음 작품 팔기에 들어간다. 경매현장은 속도감 있고, 흥미진진하고, 솔직하다.

기자이기에 앞서 미술애호가로서 나는 미술현장 얘기를 들려주는 게 참 행복하다. 특히 경매는 내가 제일 좋아하는 취재현장이다. 지금 현재 이곳에 있는 사람들이 무엇을 좋아하고 좋아하지 않는지 적나라하게 드러나는 곳이기 때문이다. 나와 친한 한 화가는 "내 작품이 경매에 나갈까봐 겁난다. 많은 사람들 앞에 발가벗고 서서 가격으로 판정 받는다는 게 생각만 해도 공포다"라고 말하기도 했다.

그의 말처럼 경매는 좀 잔인한 미술현장이다. 나는 중학생 때 충무의 한 어시장에서 갓 잡아 올린 굴을 박스로 쌓아놓고 경매하는 장면을 인상 깊게 본 적이 있다. 그런데 그 어시장 경매와 미술경매의 모습이 크게 다르지 않다. 예술품이 "1000만 원!" "2000만 원!" 호가되며 팔려 나가고, 때론 멀쩡한 작품이 초라하게 유찰되고 하는 경매를 수없이 많이 보면서, 내가 화가가 아니라서 참 다행이라는 생각을 한 적도 있다.

미술경매가 미술시장에 끼치는 부정적 영향도 있다는 것을 부인할 수는 없다. 하지만 무엇보다도 경매는 미술시장을 누구나 들여다보고 참여할 수 있는 곳으로 열어놓았다는 점을 나는 높게 평가한다. 미술시장이 전체적으로 투명하고 건전해지기 위해 경매는 꼭 필요하다.

이 책은 미술경매가 무엇인지 알고 싶고 참여도 해보고 싶은 사람들을 위해 내가 공부하고 취재하고 컬렉터로서 겪으며 알게 된 모든 것을 압축해놓은 책이다. 이 작은 책을 읽는 독자들이 미술경매가 얼마나 재미있는지 알게 되고, 그로 인해 미술을 좀 더 가깝게 해서 삶을 더 행복하게 만들 수 있다면 좋겠다.

미술경매 기초지식

경매시장은 무엇인가

아파트 경매든 미술품 경매든 경매시장은 원칙적으로 '2차 시장(secondary market)' 즉 '중고시장'이다. 미술작품의 경우 유통경로는 대략 이렇다. 화가의 작품은 작업실에서 나와 제일 먼저 '1차 시장(primary market)'인 화랑으로 간다. 이렇게 화랑을 통해 컬렉터들 손에 작품이 들어간다. 수년 뒤 그 작품 소장자가 작품을 팔 때 다시 화랑을 통해 내놓을 수도 있고, 개인적인 거래를 통해 다른 사람에게 팔 수도 있지만, 경매를 통해 만천하에 공개를 하며 내놓기도 한다. 요즘 국내에서는 대형 화랑이 경매회사를 차리고, 해외에서는 대형 경매회사가 화랑을 인수하는 식으로 갈수록 1차 시장과 2차 시장의 경계가 불분명해지고 있다. 하지만 화랑이나 개인 간의 거래는 한정된 사람들에게만 작품을 살 기회가 주어지는 '닫힌 시장'인데 반해, 경매는 누구나 돈만 있으면 작품을 살 수 있는 '열린 시장'이라는 점은 변함이 없다.

우리나라의 경우 거의 미술품만 가지고 경매를 하지만, 경매 역사가 오래된 외국 경매회사의 경우 와인, 가구, 보석, 자동차 등도 자주 경매한다. 또 이런 고가의 물건뿐 아니라 그릇, 장난감, 장식품 등도 '하우스 세일(House Sale)'이라는 이름으로 경매시장에 나온다.

국내외 주요 경매회사 현황

경매실적 기준으로 볼 때 2005년과 2006년 세계 1위의 경매회사는 크리스티(Christie's), 2위는 소더비(Sotheby's)다. 국제 미술시장 분석기관인 아트프라이스닷컴(artprice.com) 조사에 따르면 2006년 전 세계 경매 낙찰총액의 43%를 크리스티가, 33%를 소더비가 차지했다. 하지만 두 회사는 실적이 거의 차이가 없을 만큼 막상막하이기 때문에 그냥 양대 경매회사라 불린다. 소더비는 1744년에, 크리스티는 1766년에 영국에서 경매를 처음 시작했다. 고가에 낙찰된 유명 미술작품 중엔 이 두 회사에서 낙찰된 것이 대부분이다. 두 회사는 뉴욕, 런던, 홍콩, LA, 파리, 제네바 등에 경매장을 두고 있고, 100개 안팎의

나라에 연락사무소를 두고 있다. 특히 매년 봄과 가을에 하는 '인상주의와 근대미술 경매'와 '제2차 세계대전 이후 및 현대미술 경매'는 두 회사를 먹여 살리는 가장 중요한 메이저 경매다. 이 두 경매 외에도 미국 미술, 영국 미술, 아시아 미술, 보석 등으로 주제를 달리 해 연중 계속해서 경매를 한다. 핫시즌에는 1주일 내내 거의 매일 종일 경매를 할 정도로 분주하다. 소더비와 크리스티를 잇는 세 번째 큰 경매회사는 필립스(Phillips de Pury & Company)로 현대미술에 초점을 맞춘다.

우리나라의 양대 경매회사는 서울옥션과 K옥션이다. 서울옥션은 가나아트센터가 1999년에 만들었고, K옥션은 갤러리현대, 학고재 화랑, 하나은행 등이 주요 주주로 참여해 2005년에 출발했다. 서울옥션과 K옥션은 주로 우리나라의 근현대 미술품을 다룬다.

외국에서보다 국내에서 인기인 '로컬 작가'들이 경매의 중심을 이루는 것은 어느 나라나 마찬가지다. 다만 미국이나 영국 작가들은 상대적으로 국제적 인지도가 높은 것에 비해 우리나라 작가들은 국제적 인지도가 적기 때문에 우리나라 경매회사들이 좀 더 지역적으로 보일 뿐이다.

꼭 알아둘 경매 용어

위탁자(consigner)

작품을 팔려고 내놓는 사람을 '위탁자'라고 한다. 위탁을

할 땐 특별히 경매회사의 유료회원이 아니어도 된다. 하지만 작품당 출품료(우리나라의 경우 1점당 10만 원)를 내야 한다. 팔 작품이 있어야 경매가 돌아가기 때문에, 경매회사들은 고가의 좋은 작품을 가진 위탁자를 끌어오기 위해 서로 경쟁한다.

응찰자(bidder, buyer)

정식으로 응찰 등록을 하고 작품을 사기 위해 손을 드는 사람이 응찰자다. 경매에서 응찰을 하려면 연회비(우리나라의 서울옥션과 K옥션의 경우 1년에 10만 원)를 내고 유료회원으로 가입을 해야 한다.

추정가(Estimated Price)

경매 도록을 보면 작품마다 추정가 4000만~6000만 원 하는 식으로 추정가 범위가 적혀 있다. 추정가는 말 그대로 얼마에 낙찰될 것 같다는 예상 가격이다. 위탁자가 작품을 경매회사에 들고 가면 회사와 합의하에 '추정가'라는 것을 정한다. 경매회사와 위탁자 사이에 추정가 합의가 되지 않으면 작품이 경매에 나올 수 없다. 때로는 도록에 '추정가 별도 문의'라고 돼 있는 경우가 있는데, 도록을 인쇄하기 전까지 정확한 추정가를 정하지 못했을 때 이렇게 쓴다. 종전 기록을 깰만한 초고가 작품의 경우 이런 것을 흔히 볼 수 있다.

고집 센 위탁자가 억지로 추정가를 비싸게 불러 말도 안 되는 가격에 경매에 나갈 때도 있다. 하지만 이럴 땐 십중팔구 유찰된다. 무턱대고 추정가 9억 원에 나온 천경자의 초기 작품이 응찰자 한 명 없이 유찰되는 등, 블루칩 작가들 작품이 허무하게 유찰되는 경우가 한둘이 아니다.

경매회사에서 추정가를 정할 때는 경매 당시 그 작가의 작품들이 시장에서 어느 정도 가격에 팔리는지, 그리고 앞으로 얼마나 오를 가능성이 있는지를 염두에 두고 정한다. 하지만 추정가는 말 그대로 어디까지나 '추정'일 뿐이다. 턱 없이 높은 추정가로 나온 작품이 유찰되듯, 추정가가 아무라 낮아도 인기 있는 작품이면 몇 배 높게 낙찰되는 일이 흔하다.

내정가(Reserved Price)

위탁자가 작품을 내놓을 때 "이 가격 아래에서 파느니 차라리 안 팔고 도로 가져가겠다"라고 정한 최저한도 가격이 있다. 이게 바로 '내정가'다. 역시 위탁자와 경매회사 사이에 합의해서 정한다. 그래서 내정가 아래에서는 아무리 높게 불러도 낙찰이 안 된다.

내정가는 드러내놓고 공개하는 것은 아니어서 가끔 응찰자들을 헷갈리게 만든다. 한번은 어떤 컬렉터가 필자에게 전화를 했다. 경매에서 1500만 원에 작품을 하나 샀는데 속은 느낌이 든다는 것이었다. 너무 사고 싶었던 작품이긴 하지만 경매를 진행하는 경매사(auctioneer)가 1200만 원에 호가를 시작했는데 이 사람 말고는 아무도 응찰경쟁을 하는 사람이 없었다고 한다. 그런데 경매사가 가격을 1500만 원까지 올려 부르는 바람에 얼떨결에 1500만 원에 낙찰을 했다는 얘기였다. 경쟁자가 없었으니 더 싸게 살 수도 있었는데 경매사가 괜히 값을 올리는 바람에 바가지를 쓴 것 같다고 했다. 확인해보니 이 작품은 내정가가 1500만 원이었다. 경매사는 내정가의 80% 정도에서 호가를 시작하는 자신의 방침에 따라 1200만 원에 시작을 했지만 단 한 사람밖에 응찰자가 없었고, 그래서 1500만 원까지 올려 부른 것이었다.

어차피 내정가 아래에서는 낙찰이 안되기 때문에 내정가 아래에서 응찰자가 없을 때 경매사는 아무나 임의로 가리키며 "1300만 원 나왔습니다" 하는 식으로 쇼를 하기도 한다. 이럴 경우 손님을 속인다는 오해가 생길 수 있어서 어떤 경매사는 응찰자가 단 한 명일 때는 그 응찰자를 향해 "한 번 더 하셔야 사실 수 있습니다"라고 말하기도 한다. 하지만 이 역시 별로 자연스러워 보이지 않기는 마찬가지다. 그래서 요즘 우리나라 경매사들은 아예 내정가에서 호가를 시작할 때가 많다.

내정가가 없는 경매도 있다. 뉴욕에서는 중저가 그림과 집안 가구, 그릇 등 잡동사니를 다 내놓는 '하우스 세일'의 경우, 내정가 없이 경매를 할 때가 있다. 위탁자들이 낙찰가에 상관없이 1달러에라도 무조건 팔겠다는 뜻이다. 그래서 하우스 세일 경매장에 가보면 가끔 진풍경이 펼쳐진다. 경매사가 의자 하나를 놓고 "400달러에 시작하겠습니다"라고 말한다. 아무도 팻말을 들지 않는다. 그럼 경매사가 시작가격을 낮춘다. "300달러? 300달러 있으세요?" 그래도 아무도 손을 들지 않는다. "200달러?" "100달러?" 그제야 한 사람이 응찰표를 든다. 그럼 다른 사람들도 하나둘씩 응찰표를 든다. 사실 다른 사람들은 내정가가 낮아지기를 기다리며 눈치를 보고 있었던 것이다. 하지만 그때부터 경쟁이 붙어봤자 아무리 올라가도 몇백 달러 수준을 넘지 못하고 낙찰이 돼 버리곤 한다.

해머프라이스(hammer price)

현장에서 경매를 진행하는 사람은 경매사다. 경매사가 낙찰되는 순간에 망치를 두드리기 때문에 낙찰가격에 '해머프라이스'라는 말이 붙었다. 현장에서 호가된 가격 그대로를 뜻한다. 하지만 실제로 사는 사람이 치러야 할 값은 여기에 수수료와 세금 등을 붙인 가격으로 해머프라이스보다 훨씬 높다. 외국의 경우 작품 낙찰가를 발표할 때 수수료를 포함해서 발표하는 반면, 우리나라는 그냥 해머프라이스로 발표한다.

수수료(buyer's premium)

경매에 참여하기 전에 잊지 말아야 할 기본적인 요소 중 '1번'이 바로 수수료다. 실제 경매에 참여해 작품을 낙찰 받고 싶은 사람이라면, 계산할 때 '해머프라이스'보다 훨씬 더 내야 하는 것을 분명 기억해 두어야 한다. 외국의 경우 낙찰가의 12~20%, 우리나라의 경우 낙찰가의 10% 정도다. 게다가 수수료에는 그 수수료의 10%인 부가세가 또 붙는다. 그래서 경매에서 응찰할 때에는 실제 호가하는 액수보다 10% 이상 더 낼 것을 머릿속으로 계산해야 한다. 예를 들어 4500만 원에 그림 한 점을 낙찰했으면 수수료로 10%인 450만 원을 붙이고, 450만 원의 10%인 45만원을 부가세로 또 붙여서 모두 4995만 원을 내야 한다. 작품을 팔 때에도 이보다는 적지만 역시 수수료를 내야 하기 때문에 실제 낙찰가격보다 적은 돈을 받는다.

개런티(guarantee)

"언론에서는 경매회사가 만날 박수근만 하냐고 비난하지만, 현실은 어쩔 수 없어요. 박수근 없는 경매는 팥소 없는 찐빵이잖아요."

경매회사를 운영하는 사람들은 이렇게 말한다. 그래서 경매 때마다 고가의 박수근 작품을 끌어오기 위해 진땀을 흘린다. 언론은 '경매가 그 나물에 그 밥이다' '만날 박수근만 들고서 자기들만의 잔치를 한다'고 비판하곤 한다. 하지만 그러면서도 언론 입장에서는 막상 박수근이 없고 기록을 깰 만한 하이라이트 작품이 없는 경매는 보도하기 어렵다. 일반 대중들도 하이라이트 작품이 없는 경매에는 별로 관심을 가지지 않는다. 또 경매회사는 낙찰가격을 기준으로 정해지는 '수수료'를 먹고 살기 때문에, 경매회사 입장에서는 고가의 작품 하나를 파는 게 중저가 작품 수십 개, 수백 개를 파는 것보다 낫다.

이렇다 보니, 박수근급의 하이라이트 작품을 경매에 끌어내기 위해서 경매회사들은 작품 소장자에게 '개런티'라는 것을 지불하기도 한다. 말 그대로 작품 위탁자에게 '얼마에 팔려도 상관없이 최소한 이만큼은 주겠다'고 미리 약속해주는 것이다. 만일 그 금액 이하에서 팔리면 경매회사가 부담을 떠안고서 말이다. 미술시장이 호황일 때 현대의 경매회사들이 서로 좋은 작품을 끌어오기 위해 경쟁하기 때문에 이런 제도까지 생겼다.

개런티는 비공식적으로 암암리에 주는 것이지만, 가끔 공개되기도 한다. 2006년 5월 뉴욕 소더비 경매에서 9500만 달러에 팔려 당시 세계 경매기록 2위에 올랐던 피카소의 유화 '고양이와 함께 있는 도라 마르'(1941년작)의 경우 개런티 문제가 언론에 보도까지 됐었다. 당시 외신에서는 "소더비와 크리스티가 서로 이 작품을 가지고 오려고 경쟁하다가 소더비가 5000만 달러의 개런티를 주고 가져왔다"고 보도했다. 마침 그 경매 직후 뉴욕 소더비의 근대미술 담당 부사장인 스테판 코네리 씨가 한국을 방문했을 때 인터뷰할 기회가 있었다. "정말 5000만 달러 개런티를 줬나요?" 하고 물었더니, 코네리 씨는 "사실은 그보다 더 줬어요. 요즘은 개런티 없이는 비싼 작품을 확보하기 어려워요"라고 답했다.

경매회사들의 지나친 경쟁으로 점점 늘어난 개런티가 미술시장에 위협적이라는 분석도 있다. 영국의 미술시장 분석기관인 '아트택틱닷컴(Arttactic.com)'은 2007년 12월에 낸 보고서에서, 그 해 11월 뉴욕 크리스티와 소더비의 현대미술 경매에서 8억 달러가 넘게 거래됐지만, 경매회사가 작품 값 전체의 3분의 1 정도를 개런티로 주었기 때문에 실은 미술시장의 위기라고 볼 수 있다고 분석했다.

경매에 참여하려면

경매에 그냥 구경가는 것은 누구나 아무 절차 없이 할 수 있지만, 응찰을 하려면 절차가 필요하다. 우선 연회비 10만 원(서울옥션과 K옥션 기준)을 내고 경매회사 유료회원으로 가입해야 한다. 회원에 가입하면 경매가 있을 때마다 도록을 받아 볼 수 있다. 경매 1~2주 전에는 작품을 미리 보여주는 프리뷰 전시가 열린다. 관심이 있는 작품이 있으면 프리뷰 전시를 보고, 거기에서 무언가를 사고 싶은 결심이 섰으면 응찰등록을 해서 자리를 예약해야 한다.

서면응찰과 전화응찰

꼭 사고 싶은 작품이 있는데 경매당일에 피치 못할 사정으로 경매장에 가지 못한다면? 걱정할 필요가 전혀 없다. '서면응찰'과 '전화응찰'이 있기 때문이다. 서면응찰은 경매회사 담당자한테 서면으로 미리 상한가를 제시하는 것이다. 내가 이 작품에 대해 얼마까지는 낼 용의가 있으니까 대신 경매에 참여해달라고 요청하는 것이다. 경매현장에 가면 경매사 옆에서 "서면 1000만 원!" "서면 2000만 원!" 하고 부르는 사람들이

전화응찰 받는 모습(서울옥션)

있는데, 이들은 서면응찰자를 대신해서 호가하는 것이다. 만약 여러 사람이 똑같은 가격을 제시한다면 서면응찰자에게 우선권이 있다. 경매라는 게 분위기에 쓸려 충동적으로 가격을 올려 부를 수도 있기 때문에, 이걸 막기 위해 일부러 서면응찰을 하는 사람들도 있다.

서면응찰이 불안하면 '전화응찰' 방법도 있다. 어느 작품에 대해 전화로 응찰하겠다고 신청서를 미리 내면, 경매회사 직원이 그 작품을 경매에 올리기 몇 분 전에 전화를 해준다. 그러면 직원이랑 통화를 하면서 지금 현장에서 얼마까지 나왔는지 듣고, 더 올려 부를 것인지 그만 둘 것인지 결정하는 것이다. 경매장에 가 보면 전화응찰석에 앉은 직원들이 수화기에 대고 부지런히 "지금 3000만 원입니다. 더 하시겠어요?" 하는 것을 볼 수 있다. 서면응찰이나 전화응찰을 하려면 경매 당일 오전까지 경매회사에 알려주면 된다.

낙찰과 그 이후

경매는 보통 두 시간 정도 진행된다. 사려는 작품이 몇 개 있어서 계속 응찰을 하면서 앉아 있을 때엔 두 시간이 금방 지나가는데, 그냥 구경만 하고 있기엔 좀 지겹다. 경매 도중 들락날락하는 것은 자유다. 다른 사람 응찰하는 데 방해만 되지 않는다면 말이다.

경매에서 낙찰을 한 뒤엔 어떻게 할까? 돈만 다 치르면 해당 작품을 그날 바로 들고 갈 수 있다. 하지만 당일에 꼭 다 계산할 필요는 없다. 일단 낙찰하는 즉시 현장에서 경매사 직원이 응찰자의 자리로 달려와 계산하겠다는 서약서에 사인을 받는다. 사인한 뒤 1주일 이내에 계산하면 된다. 낙찰가가 3억 원을 넘을 땐 3주일까지 시간을 늘려준다. 낙찰가는 다 현금으로 내야 한다. 위탁자에게 바로 그림 값을 넘겨야 하기 때문이다. 우리나라의 경우 수수료는 카드로 받아준다. 그래도 역시 현금이 부족한 사람은 경매회사에서 작품을 살 수 없다. 화랑에서 살 때는 고가의 경우 할부를 해주기도 하는데, 경매는 그림 소장자에게 직접 넘기는 돈이라 할부가 안 되는 게 단점이다. 뉴욕의 유명한 미술 컬렉터인 하워드 파버 씨는 필자와 한 전화 인터뷰에서 "미술품 수집을 처음 시작할 때 나는 경매에서 미술품을 살 수 없었다"며 그 이유가 "화랑에서는 할부로 살 수 있는데 경매에서는 낙찰하고 30일 이내에 돈을 다 치러야 하기 때문"이라고 말했다. 하지만 요즘은 경쟁이 치열해져서, 크리스티나 소더비 같은 국제적 경매회사들도 단골손님들에게는 할부를 해준다.

경매에서 일단 낙찰을 한 뒤에 마음이 바뀐다면? 취소를 하면 높은 위약금을 물어야 한다. 만일 작품에 흠집이 있더라도 이를 이유로 취소할 수 없다. 이미 프리뷰 전시를 통해 충분히 보여준 작품이기 때문이다. 마음에 둔 작품이 있으면 반드시 프리뷰 전시에 가서 꼼꼼히 살펴보고 마음을 정해야 하는 것은 이 때문이다.

경매회사는 작품을 넘길 때 이 작품이 경매를 통해 낙찰 받은 진품이라는 보증서를 끊어준다. 하지만 뒤늦게 위작인 게 밝혀지는 경우가 가끔 있다. 이 경우엔 물론 100% 환불 받을 수 있다. 경매에 참여할 때엔 신중하게 작품 상태를 점검해야 하고, 경매현장에서 충동적으로 올려 부르지 않도록 해야 한다.

경매에 작품을 팔려면

경매에 작품을 팔고 싶은데 경매회사에서 받아주지 않는다며 신문사로 항의전화를 하는 사람들이 가끔 있다. 반면 경매회사들은 '팔기 어려운, 돈이 안 되는' 작품을 팔아달라는 사람들이 너무 많아 힘들다고 호소한다.

사실 집집마다 물려받은 그림 몇 점씩은 다 가지고 있지만, 그 중에서 환금성 있는 작품은 별로 없다 해도 과언이 아니다. 그래서 경매회사는 작품 위탁을 받을 때 우선 이메일이나 우편으로 접수를 받는다. 무턱대고 작품을 싸들고 경매회사로 찾아가는 게 아니다. 경매회사의 작품 판매 담당 전문가들인 스페

셜리스트들이 경매할 만한 가치가 있다고 판단해 연락을 하면, 그 때 작품을 가져가면 된다. 작품을 팔 때는 1점당 10만 원 정도의 출품료와 추정가에 따라 정해지는 보험료를 내야 한다.

경매가 현대미술시장을 주도하게 된 이유

경매와 화랑은 각각 나름대로 특징과 매력이 있다. 둘 사이의 가장 큰 차이는 '공개성'이다. 화랑에서는 어떤 그림이 정확히 얼마에 팔렸는지, 그 거래에서 화상畵商이 커미션을 얼마나 챙겼는지 공개하지 않는다. 이는 미술시장 선진국에서도 마찬가지다. 하지만 경매회사에서 그림이 거래될 때는 팔려나가는 순간 판매가격이 천하에 공개된다. 기록을 깨는 높은 가격이 나오거나 특이한 물건이 팔리면 다음날 바로 신문에 보도된다. 그리고 경매회사는 낙찰가의 10%든 20%든 회사마다 정한 만큼 커미션을 챙긴다.

화랑을 통해 그림을 살 땐 화랑 주인이나 작가와 친분관계가 있는 사람이 더 좋은 정보를 가지며, 때로는 더 싸게 살 수도 있다. 하지만 경매는 다르다. 단골손님들에게 좋은 정보를 더 줄 수도 있고 수수료를 할인해 줄 수도 있지만, 특정 고객에게만 좋은 서비스를 해주기가 화랑 거래에 비해 상대적으로 어렵다. 그래서 경매회사는 열린 시장이고 현대인들이 선호할 수밖에 없다. 경매는 대중이 참여하기 더 쉽고, 재미있고, 상대적으로 공정하고 투명하다. 무엇보다도 경매에서 가장 중요한 것은 소비자가 값을 컨트롤하는 주체가 된다는 사실이다. 화랑에서는 화상과 화가가 값을 결정하고 소비자는 매겨진 가격을 보고 돈을 낼 뿐이다. 하지만 경매회사는 추정가만 정해 놓을 뿐, 최종 가격은 소비자들의 경쟁에 의해 정해진다. 많은 사람이 좋아해서 경쟁이 붙는 작품은 비싸게 낙찰되고, 별로 가지고 싶어 하는 사람이 없는 작품은 아무리 추정가가 비싸도 싸게 낙찰되거나 아예 유찰돼 팔리지 않는다. 화상과 작가 자신이 값을 지나치게 높게 매겨 이름만 드높았던 원로 화가들이 막상 경매에 나오면 싼 값에 낙찰되거나 아예 유찰되는 경우가 종종 있다. 경매는 이런 식으로 미술 가격을 솔직하게 드러내고 시장구도를 재편할 수 있다. 그래서 경매는 '미술시장의 민주화'에 기여했다는 평가를 받는다.

미술경매에 대한 오해와 진실

경매는 비싼 작품만 파는 곳이다?

그렇지 않다. 미술시장이 호황이고, 잊을만하면 낙찰신기록이 하나씩 터져 나와 신문 뉴스를 장식하다 보니 경매 하면 으레 몇억 원, 몇백만 달러 하는 고가를 떠올리기 쉽다. 하지만, 경매에서 팔리는 작품의 대다수는 중저가다. 소더비와 크리스티에서 팔리는 작품의 80% 정도가 1만 달러(1000만 원) 미만이고, 서울옥션에서 낙찰되는 작품 중 가장 큰 비중을 차지하는 것도 1000만 원 미만의 작품이다. 가장 고급 취향일 것

같은 프랑스가 가장 중저가 경매를 많이 하는 곳으로 나타났는데, 아트프라이스닷컴 자료에 따르면 프랑스에서 경매되는 작품의 80% 정도는 5000유로(약 660만 원) 미만이다.

앞에서 얘기한, 내정가 없이 하는 뉴욕 경매회사들의 '하우스 세일'만 봐도 그렇다. 100달러짜리 의자까지 나오는 '창고세일'이다. 그 화려한 뉴욕 경매회사에서 이런 경매가 한 달에 한 번 꼴로 자주 있다. 미술품 경매가 별로 없는 여름 휴가철엔 한 달에 두 번 할 때도 있다. 물론 이런 하우스 세일에서 투자 가치와 작품성이 높은 미술작품을 찾기는 어렵다. 우리 식으로 치면 '이발소 그림' 같은 것들도 종종 눈에 띈다. 하지만 비교적 일반인도 접근할 수 있는 경매라는 점에서 의미가 있다.

경매는 누구나 가서 볼 수 있다?

그렇다. 의외로 경매장에 가는 것조차 어렵게 생각하는 사람들이 많다. 경매를 그냥 구경하는 것에는 아무 절차도 필요 없다. 옷을 잘 입고 가야 할 필요도 없다. 다만 미술시장이 호황일 땐 사람들이 너무 많아서, 응찰자가 아닐 경우 메인 경매장에 들어가지 못하고 따로 마련된 스크린이 있는 보조방에 들어가야 하는 경우가 많다. 목소리만 크게 내지 않는다면 경매 도중에 전화하고, 들락날락거리고, 이런 것들도 다 용납된다.

경매에서는 가격을 조작한다?

그럴 수도 있고, 아닐 수도 있다. 국내의 경우 경매회사에서 작품 낙찰가격을 조작한다는 증거는 나온 게 없다. 하지만 경매에 온갖 변수가 득실거리는 것은 사실이다. 그래서 경매의 낙찰가격을 그대로 시장가격으로 믿으면 안 된다. 『미술의 가치*The Worth of Art: Pricing the Priceless*』라는 책을 쓴 프랑스의 미술시장 애널리스트 주디스 벤하무-위에는 "경매는 카지노에서 룰렛 게임을 하는 것과 비슷하다"고 했다. 경매사의 재량에 따라 낙찰가가 달라진다는 것이 하나의 예이다. 소더비와 크리스티에 이어 제3경매사인 '필립스'를 세운 사이먼 드 퓨리 씨는 "만일 똑같은 작품이 서로 다른 네 명의 경매사에 의해 네 번 팔렸다면, 제각각 낙찰가가 다르게 나왔을 것이다"라고 말했다. 경매는 도박 같은 재미와 긴장감이 있어서 현대인들에게 인기지만, 바꿔 말하면 마치 카지노에서 도박을 할 때와 마찬가지로 그날 분위기에 따라 값이 왔다 갔다 할 수도 있다는 말이다. 게다가 경매에서는 내가 저 그림을 살 것인지 포기할 것인지를 단 몇 초 안에 결정해야 한다. 자연히 장내 분위기에 따라 낙찰가가 달라지게 마련이다. 그래서 때로는 터무니없이 값이 올라가는 경우가 있다. 또 경매회사에서 그 작품의 추정가를 어떻게 정하느냐, 작품을 어떻게 홍보하느냐 등에 따라서도 낙찰가는 달라진다. 일반적으로 화랑보다는 경매에 나온 작품이 언론과 대중의 눈길을 끌기에도 좋고, 흔히 보기 어려운 특이한 작품은 경쟁자가 많이 붙는다. 반면 그저 그런 작품은 화랑에서보다 경매에서 더 싸게 팔리는 경우가 많다.

미술경매의 현장들

유명인사의 미술경매

2007년 11월 13일 저녁 뉴욕 크리스티 경매회사의 '전후戰後 및 현대미술(Post-war and Contemporary Art)' 경매장. 천정 높이에서 유리창을 통해 경매장을 내려다보는 VIP석인 발코니석에는 영국의 유명한 영화배우 휴 그랜트(Hugh Grant)가 앉아 있었다. 그는 불과 6년 전인 2001년에 뉴욕 소더비에서 350만 달러에 구입한 앤디 워홀의 '엘리자베스 테일러'를 되팔기 위해 크리스티에 내놓고 경매현장을 지켜보고 있었다. 크리스티와 소더비는 서로 이 작품을 끌어오기 위해 경쟁을 했다. 결국 크리스티가 개런티를 더 많이 주고 가져왔다. 이 때 준 개런티는 2000만 달러인 것으로 알려졌다. 만일 2000만 달러 아래에서 팔리면 크리스티는 차액만큼 손해를 보게 될 참이었다. 6년 전에 350만 달러에 팔렸던 이 작품이 과연 2000만 달러가 넘게 팔릴 수 있을지, 모든 이들의 관심이 쏠렸다. 게다가 이 작품은 엘리자베스 테일러를 그린 워홀의 다른 작품들에 비해 그다지 뛰어나지 않다고 평가 받아서 더욱 우려를 낳았다. 하지만 놀랍게도 이 작품은 응찰경쟁이 붙었고 가까스로 2100만 달러에 팔려나갔다. 추정가인 2500만~3500만 달러에는 미치지 못했지만, 비교적 좋은 성과였다. 이 작품이 팔릴 수 있었던 것은 컬렉터들의 관심이 점점 더 현대미술쪽으로 기울어오기 때문이기도 하지만, 세계적 스타 배우인 휴 그랜트가 소유하고 있었다는 '소장기록(provenance)'의 덕도 컸다.

유명인이 끼어들면 작품의 값도 빛나고 경매현장도 돋보이게 마련이다. 20세기 미술경매의 한 획을 그었던 1958년 소더비의 '골드슈미트 컬렉션 경매(The Goldschmidt sale)'의 응찰석에는 서머셋 모옴, 앤소니 퀸, 커크 더글러스, 처칠 수상 부인 등 당시 영국의 유명인사들이 앉아 있었다. 인상주의와 근대미술 작품 7점을 팔았던 이 경매에서는 오늘날의 화려한 이브닝 세일[1] 같은 모습이 펼쳐졌다. 1400명이나 참석한 경매장에는 영국의 유명 인사들뿐 아니라 전 세계의 주요 미술 딜러와 컬렉터들도 모여들었다. 이날 저녁 작품 7점이 단 21분만에 다 팔려나갔다. 낙찰총액은 당시 돈으로 78만1000파운드였는데 역사상 그때까지 미술품 경매 중 최고액수였다. 특히 세간의 '붉은 조끼를 입은 소년'이 22만 파운드에 낙찰됐는데 이전까지 경매에서 팔린 회화작품의 최고기록보다 무려 5배나 높은 가격으로 가격 경신을 한 것이었다.

곰가죽 컬렉터 모임

이보다 앞서 서양미술사에서 기록에 남은 유명한 경매는 1914년 3월 2일 프랑스 파리의 호텔 드루오에서 열린 '곰가죽 컬렉터 모임(La peau de l'ours)' 경매다. 이 경매는 역사상 첫 경매는 아니었지만, 비평가들에게 좋은 평론을 받는 것 못지 않게 상업적인 성공 또한 현대미술작가들에게 중요하다는 것을 보여준 시초였다는 점에서 기념비적인 경매로 역사에 남아 있다.

이 모임은 라 퐁텐의 우화 '곰과 두 친구'에서 이름을 땄다. 우화에서 친구 사이인 두 사람은 모피상에게 곰가죽 값을 선불로 받고 곰사냥에 나서지만 정작 곰을 잡지 못한다. 이 사냥꾼들이 곰의 가죽을 걸고 모험을 했듯, 곰가죽 컬렉터 모임은 그림을 가지고 모험을 한다는 뜻이었다. 이들은 당시 유럽에서 전위적 작가들이었던 반 고흐, 고갱, 피카소, 마티스 등의 작품 145점을 가지고 대중을 상대로 경매를 했다. 마티스 유화 10점, 피카소의 유화와 드로잉 12점 등이 대거 대중적인 시장 앞에 나왔는데 결과는 대성공이었다. 이 모임 멤버들이 처음 작품들을 사는 데 들인 돈은 2만7500프랑이었는데 경매 낙찰총액이 11만6545프랑이었으니, 10년만에 네 배의 수익을

거둔 것이었다.[2)]

마티스로 대변되는 야수파와 피카소로 대변되는 입체파가 대중적인 시장에 공개된 것은 이때가 처음이었던 셈이다. 미술평론가들이 그런 전위적인 미술의 중요성을 평가하기 전에 이 경매가 먼저 이런 화가들의 중요성을 입증한 것이었고, 이는 당시 평론가들조차 스스로 인정했다.

'곰가죽 컬렉터'는 13명으로 이뤄져 있었다. 이 모임을 이끈 사람은 앙드레 르벨이라는 선박유통업자로, 자기 형제와 사촌들을 이 모임에 끌어들였다. 그는 이미 32세에 안정적인 사업가가 되었기 때문에 여가 시간을 다른 취미활동에 투자할 수 있었다. 이 책의 후반부에 나올 19세기 후반과 20세기 초반의 유명한 미술딜러인 볼라르는 르벨이 자주 만나던 사람이었다. 르벨은 젊은 미술딜러들을 만나면서 미술수집을 했기 때문에 전위적 미술품을 사는 것에 눈이 밝았고, 기성 유명 화가들보다 젊은 화가들이 투자 면에서 좋다는 것을 알고 있었다. 그래서 곰가죽 모임이 모은 145점의 작품 대부분은 20세기 초반에 전위적인 시도를 한 새로운 작가들이었다. 이미 인기를 얻은 19세기 인상주의가 아니었다. 르벨은 또 미술품 수집이 고상한 취미로써뿐 아니라 투자수단으로도 좋다는 것을 알고 있었다. 그는 특히 1903년부터 피카소와 마티스 등의 작업실을 다니며 작품을 구입했는데, 당시 이 화가들은 상업적으로 아직 주목을 받지 못하고 있었다. 결국 르벨이 이끈 '곰가죽 컬렉터' 모임은 평론가들보다 먼저 될성부른 작가들을 알아보았고, 작품 구입을 본격적으로 시작하고 10년이 지난 1913년에 경매를 통해 그들이 사 모은 작품을 팔아 성공을 거둔 것이다.

'곰가죽 컬렉터 모임'은 작품을 살 때부터 아예 10년 뒤 작품을 팔아 돈을 벌 생각을 이미 하고 있었다. 그들은 작품을 사는 목적이 투자에 있다는 것을 숨기지 않았다. 그리고 작품 판매로 난 이익의 20%를 작가들에게 돌려주었는데, 당시 유명한 미술평론가였던 기욤 아폴리네르는 이 점을 높이 평가했다. 르벨은 이 경매를 진행할 때 당시 파리의 유명한 드루오 호텔의 큰 전시장 두 개를 사용하고, 피카소와 마티스의 작품을 특히 돋보이게 걸었으며, 딜러, 컬렉터, 평론가, 언론을 초청해 좌석을 채웠다. 현재 소더비와 크리스티 같은 큰 국제적 경매회사에서 쓰는 것과 같은 방법이다. 그래서 이 경매는 서양미술사에서 현대 경매의 모습이 나타난 첫 행사로 거론된다.

경매의 시작

현대에 들어 화제가 되는 경매는 대부분 크리스티와 소더비에서 이뤄진다. 이제 세계미술시장은 크리스티와 소더비가 장악하고 있다고 해도 과언이 아니다. 세계 미술경매 낙찰액의 70% 이상을 크리스티와 소더비가 차지하고 있으니 말이다.[3] 현재 이 두 경매회사의 주된 수입원은 근대미술과 현대미술 분야다. 하지만 원래 경매는 18세기 영국의 귀족들이 희귀한 책, 서류 등 소장품을 드러내놓고 팔던 것에서 시작했다. 크리스티는 1766년에, 소더비는 1744년에 영국에서 처음으로 경매를 했다.

소더비는 창립자인 새뮤얼 베이커가 1744년 3월 11일에 했던 책 경매로 시작을 했기에 역사적 인물들의 책 컬렉션 경매 역사가 깊다. 나폴레옹이 귀양지인 세인트 헬레나 섬까지 들고 갔던 그의 책 일체도 나폴레옹 사망 후 소더비에서 경매됐다. 수백년이 흘러 오늘에 오면서 경매는 미술품, 보석, 와인, 가구, 자동차, 부동산까지 다루게 됐다. 제2차 세계대전 이후 미국이 미술시장의 중심지가 되자, 런던에 본사를 둔 소더비는 1955년에 뉴욕 지사를 냈다. 이후 크리스티와 소더비는 뉴욕, 파리, 호주 등 국제적으로 확장을 하기 시작한다.[4]

경매에서 아무리 인기 있는 작품이라도 마지막까지 가격 경쟁을 하는 사람은 늘 2-3명 정도다. 그래서 프랑스의 미술시장 애널리스트 주디스 벤하무-위에는 "미술시장의 역사는 열광적인 두 사람이 정신 나간 싸움을 한 끝에 실제 작품의 가치를 넘어서는 천문학적 액수를 지불하는 행위로 점철돼 있다"고 비꼬았다.[5] 비난을 받는 것은 사실이지만, 역사적으로 화제가 됐던 경매가 미술계에 끼친 영향은 실제로 크다. 경매는 판매 과정과 결과가 공개돼 있고 세상에 더 잘 노출되기 때문이다.

사후 인정과 시장가치

국제 미술시장 분석기관인 아트프라이스닷컴(artprice.com)은 해마다 경매에서 낙찰된 작품의 총액을 합산해 작가별로 순위를 내는데 여기에서 해마다 1위를 차지하는 화가는 역시 피카소다. 세계 경매에서 팔린 미술작품의 최고가 기록도 피카소가 가지고 있다. 2004년 5월 뉴욕 소더비에서 1억400만 달러(약 1000억 원, 수수료 포함)에 팔린 피카소의 '파이프를 든 소년'이다. 피카소는 이 작품을 24세이던 1905년에 그렸다. 이 작품을 판 사람은 주영국 미국대사를 지낸 존 휘트니였는데 그는 이 작품을 1950년에 3만 달러에 샀다고 한다. 2004년 물가로 계산해도 22만9000달러 정도의 가치였으니 무려 450배 이상의 이익을 남긴 셈이었다.

2007년 한 해 경매 낙찰총액이 가장 비쌌던 화가

1	앤디 워홀	4억2000만 달러
2	피카소	3억1900만 달러
3	프란시스 베이컨	2억4500만 달러
4	마크 로스코	2억700만 달러
5	클로드 모네	1억6500만 달러
6	앙리 마티스	1억1400만 달러
7	장-미셸 바스키아	1억200만 달러
8	페르낭 레제	9200만 달러
9	마크 샤갈	8900만 달러
10	폴 세잔	8700만 달러

※자료: 아트프라이스닷컴(artprice.com)

밀레의 '만종'

화가의 생전에는 별로 가치를 인정받지 못하다가 죽고 난 뒤에 값이 어마어마하게 되는 작품은 우리나라에나 해외에나 많다. 우리나라 사람들이 제일 좋아하는 외국의 그림을 꼽으라면 열 손가락에 반드시 들어갈 작품인 밀레의 '만종(Angelus)'도 그런 경우다. 평범한 농민들의 삶을 애정 어리게 그렸던 프랑스 사실주의 화가 밀레는 이 그림을 1857년부터 그려 1859년에 완성했다. 황혼이 깃드는 밭에서 농민 부부가 하던 일을 잠시 멈추고 교회의 종소리를 들으며 기도하고 있다. 가로 66cm, 세로 55.5cm의 작은 그림이지만 이 작품은 19세기 말 유럽의 근대미술 태동을 이야기할 때 빠지지 않는다. 미술이 과거에 신화와 역사를 그리던 것에서 벗어나 이제는 일상에 실제로 있는 사람과 삶을 묘사하게 된 것을 보여주는 사실주의 회화의 명작인데다가, 그려낸 방식이 수수하면서도 숭고하기 때문이다. 밀레는 당시 파리 교외의 바르비종에서 농민의 생활과 농촌풍경을 그렸던 '바르비종파'의 대표적 작가다.

하지만 밀레가 2년 동안 걸쳐 그린 '만종'은 당시에는 별 인기가 없었다. 작품 제작을 의뢰했던 미국사람은 이 작품을 찾아가지 않았고, 밀레는 이 작품을 어떻게 4000프랑에라도 팔아보려 노력했지만 잘 안돼서 결국 작품을 완성한 다음 해인 1860년에 벨기에의 한 미술상에게 약 1000프랑 정도인 낮은 가격에 판 것으로 알려져 있다. 하지만 1875년 밀레가 죽고 나서 사람들은 그가 평민들의 삶에 담긴 숭고함을 그려낸

밀레의 「만종」

훌륭한 작가였다는 것을 절실히 깨닫게 됐고, 밀레의 작품에 대한 가치는 치솟기 시작했다. '만종'의 소장자는 이후 여러 번 바뀌었다. 마침내 밀레 사후 14년이 지난 1889년 파리 만국박람회에 전시된 뒤 경매에 올려진 이 작품은 당시 미국과 프랑스 사이에서 치열하게 경쟁이 붙었던 것으로 유명하다. 당시 프랑스에서는 프랑스의 귀중한 화가들 작품이 더 이상 외국으로 방출되지 않게 하려는 애국주의적인 분위기가 무르익었다. 이미 많은 미국인들이 밀레의 주요 작품들을 사간 뒤였기에 더했다. 1889년 경매에는 뉴욕에 베이스를 둔 '미국미술연합(American Art Association)'과 워싱턴 D.C.에 있는 '코코란 갤러리(Corcoran Gallery)'가 와서 '만종'을 손에 넣기 위해 붙었다. 프랑스 측에서는 이 작품을 프랑스에 남기기 위해 기부금을 낸 사람들의 연합을 대표하는 미술 후원자 안토닌 프루스트가 경매에 참여했다. 응찰은 30만 프랑에 시작했지만 순식간에 50만 프랑까지 올라갔고 이 때부터는 프루스트와 미국미술연합 둘만 남게 됐다. 경매는 1000프랑씩 올라가다가 결국 프루스트가 55만3000프랑에 낙찰을 받았다. 당시 고전이 아닌 현대미술품에 매겨진 경매가격으로는 최고를 기록하는 순간이었다. 하지만 이 작품을 사기 위해 모은 기금에 문제가 생겼고, 이 작품은 허무하게도 미국미술협회에게 다시 넘어간다. 이후 '만종'은 미국에서 7개 도시의 순회전시를 한다. 그러다가 1890년 11월에 프랑스의 유통업계 대부인 알프레드 쇼샤드가 75만 프랑에 이 그림을 다시 사서 1891년 1월에 프랑스로 가져온다. 쇼샤드는 이 그림을 죽을 때까지 가지고 있다가 1909년 사후에 루브르로 기증했다.[6] 숱한 가격경쟁의 수난을 겪은 이 그림은 루브르를 거쳐 현재 파리 오르세 미술관에 안전하게 소장돼 있다.

뒤샹의 '샘'

현대미술의 아버지인 마르셀 뒤샹(Marcel Duchamp, 1887~1968)의 대표적인 작품 '샘(Fountain)'도 밀레의 '만종'처럼 작품제작 당시에는 별로 인정받지 못했지만 나중에 미술사적으로는 물론 시장가치로도 엄청나게 인정받은 경우다. '샘'은 뒤샹이 1917년 뉴욕의 독립미술가협회 전시에 출품하려다 거절당한 작품이다. 사실 남성용 소변기 하나를 사다가 'R. Mutt 1917'이라고 서명만 해서 덜렁 전시장에 놓은 것이니 작품이라 하기에도 민망하다. 뒤샹은 이렇게 소변기, 자전거, 와인꽂이 등 별 볼일 없는

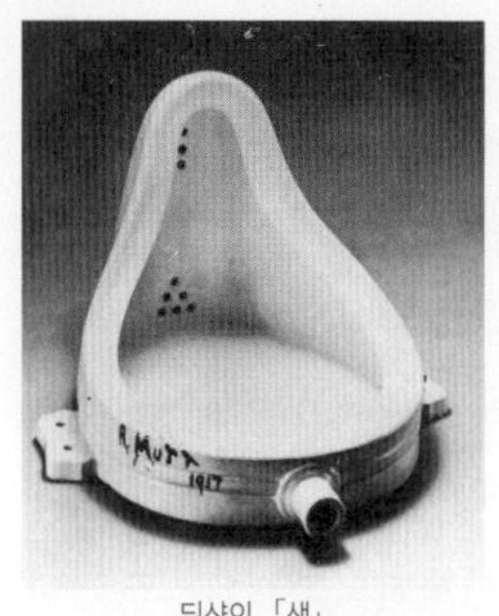

뒤샹의 「샘」

일상생활용품에도 작가가 의미를 재부여하면 미술작품이 될 수 있다는 '레디메이드(ready-made)' 미술의 창시자다. 그가 이런 시도를 한 이후 지금까지 100년 가까이 되도록 수많은 미술작가들이 그의 영향을 받고 있다. 뒤샹의 사후 영향력을 보여주기라도 하듯, 1917년 뒤샹이 만들었을 당시 무시당했던 이 소변기 작품은 그로부터 82년이 지난 1999년 뉴욕 소더비 경매에서 무려 1700만 달러에 낙찰됐다. 뒤샹의 작품 중 최고 기록을 세우는 순간이었다. 게다가 그때 팔린 소변기는 1917년 제작된 바로 그것도 아니고 1964년에 새로 만든 8번째 에디션이었다. 이 작품을 산 사람은 디미트리 다스칼로퓰로스라는 그리스 사람이었는데, 그는 경매가 끝난 뒤 그리스의 한 미술관에 기증하기 위해서 샀다고 밝혔다.[7] 한 작가가 미술사적으로 의미를 인정받고 나면 시장의 가치가 얼마나 무섭게 올라가는지 알 수 있는 대목이다.

전문가들의 외면과 시장가치

위에 설명한 밀레나 뒤샹은 작품이 만들어진 당시에는 별로 평가를 받지 못하다가 작가가 죽고 나서 한참 뒤에야 시장에서 재평가를 받은 경우다. 사실 비싼 작품이 정말 미술사적으로도 중요하고 오래 남을만한 가치가 있는 작품인지는 세월이 한참 흐른 뒤에야 알 수 있다. 그런데 현대에 와서는 이미 살아서 상업적인 성공을 누리는 작가들이 많다. 미국의 팝아티스트 제프 쿤스(Jeff Koons, 1955~)와 영국 젊은 작가 그룹인 YBA(Young British Artists)의 대표주자 대미언 허스트(Damien Hirst, 1965~)가 그런 예다.

제프 쿤스는 21세기 현대미술의 대표적인 '문제아'다. 그는 섹스, 하트, 다이아몬드, 마이클 잭슨 등 현대문화의 대표적인 '키치(Kitsch: 대중에게 익숙한 싸구려 이미지)'를 고급예술로 둔갑시킨다. 작품 가격은 천문학적이다. 2007년 11월 뉴욕의 '옥션위크(Auction Week)'[8] 때는 그의 조각작품이 크리스티와 소더비에 나란히 하이라이트로 출품돼 하루 사이에 낙찰가 기록이 연달아 깨졌다. 크리스티에 나왔던 것은 어린아이 키만한 대형 블루 다이아몬드였는데 1180만 달러에 낙찰돼 작가의 최고가 기록을 세웠다. 그리고 바로 다음날 소더비에서 천장에 매달린 대형 빨간 하트조각이 2350만 달러에 낙찰돼 하루만에 기록을 경신했다. 이 두 작품을 산 사람은 뉴욕에서 제프 쿤스를 다루는 화랑인 가고시안 갤러리의 래리 가고시안이었다. 그래서 딜러가 자기 작가를 띄운다는 논란을 빚기는 했다. 하지만 제프 쿤스의 작품은 경매에서 늘 기록을 갱신해왔고 그의 인기에 대한 이견은 별로 없었다. 이 두 경매는 '미술사가와 평론가가 시장에서는 별로 중요하지 않다'는 점을 보여주기라도 한 것 같았다. 경매 직전에 마침 세계적 미술잡지인

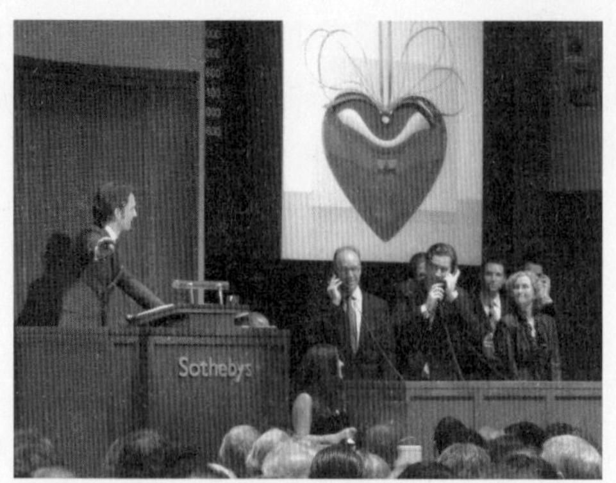

2007.11.14. 뉴욕 소더비에서 열린 현대미술 경매에서 제프 쿤스의 「하트」가 2350만 달러(수수료 포함)에 팔리고 있다.

『아트뉴스*Artnews*』가 그 달인 11월호 특집기사로 '105년 후에도 살아 남을 미술작가'를 발표했는데 그 리스트에 제프 쿤스는 들어 있지 않았기 때문이다. 필자는 당시 '옥션 위크'를 취재하기 위해 뉴욕에 갔다가 크리스티의 회장인 에드워드 돌먼을 인터뷰했다. 인터뷰에서 『아트뉴스』 기사에 대해 말하자, 돌먼 회장은 "그것 봐라, 미술평론가들의 평가와 시장의 평가는 별로 관계가 없다. 제프 쿤스가 현대미술에서 얼마나 중요한 작가인지는 아트뉴스만 빼고 다 알고 있다"며 평론가들을 비아냥거렸다.

영국의 대미언 허스트도 이 때 『아트뉴스』 리스트에 빠졌다. 그는 동물의 사체를 포름알데히드용액처리하거나, 석고로 만든 알약 수천 개를 약장에 늘어놓는 엽기적인 설치작품으로 '삶과 죽음'이라는 주제를 섬뜩하게 표현한다. 그런 작품이 경매 때마다 툭하면 기록을 경신하는데, 미술사가들은 이를 인정하지 않는 것이다.[9] 그런데 제프 쿤스와 대미언 허스트는 과연 밀레나 뒤샹처럼 100년 뒤에는 미술사가들까지 '맞아 그 작가가 옳았어'라고 인정하게 될까? 그렇게 된다면 2000년대에 제프 쿤스와 대미언 허스트가 경매에서 줄줄이 기록을 세우는 순간들 역시 훗날 역사에 남는 경매현장으로 기억될 것이다. 그렇게 될 지 안 될 지는 정말 100년이 지나봐야 알 수 있는 일이다.

역사에 남은, 역사에 남을 컬렉터들

우리의 컬렉터 간송 전형필

내가 지금껏 전시회에서 봤던 미술작품 중에 가장 깊이 기억에 남는 것 중 하나는 간송미술관에서 전시했던 현재 심사정(玄齋 沈師正, 1707~1769)의 그림 '촉잔도권蜀棧圖圈'이다. 현재는 조선남종화의 대가다. 중국풍 습윤한 남종화가 아닌, 우리 고유의 단단한 자연과 골기骨氣를 드러낸 산수화를 그렸다. '촉잔도권'은 현재가 세상을 뜨기 바로 전 해에 그려, 그가 평생 닦은 기량을 쏟아낸 역작으로 평가 받는다. 이 그림은 가로 8m가 넘는 유례없이 큰 사이즈의 산수화다. 그래서 전시장에는 돌돌 말려 일부분만 노출된 채 놓여 있었다. 비록 일부분만 볼 수 있었지만, 그 느낌이 잊혀지지 않는다. 이 그림은 중국의 관중에서 사천으로 가는 험난한 길인 촉도蜀道를 묘사했다. 때론 아기자기하고 아름답고, 때론 험난하고, 때론 휑하기만 한 긴 산속 길의 변화무쌍함이 잘 표현돼 있었다. 사람의 삶은 이렇게 희로애락이 교차하면서 끝없이 이어진다. 지금 길을 걸어가는 사람에게는 바로 눈앞의 길만 보인다. 이 길이 끝나고 이어질 길에 바위는 얼마나 많을지, 절벽이 나올지 안 나올지, 누구도 알 수 없다. 험난하고 변화무쌍한 산길을 빌어 사람의 인생역정을 그려낸 화가의 솜씨에 나는 감탄했다.

그런데 이 그림에 얽힌 이야기는 더 흥미로웠다. 이 그림은 컬렉터인 간송 전형필(澗松 全鎣弼, 1906~1962) 선생이 1936년 당시 서울에서 큰 기와집 한 채 값이 1000원 할 때 5000원을 주고 구입한 뒤 일본에 보내 6000원을 들여 복원한 것이라 한다. 실제 정확하게 지불했던 가격과 전해 내려온 가격 사이에 차이는 있을 수 있겠지만, 간송이 꼭 지켜내겠다고 결심한 우리의 문화재에 대해서는 돈을 아끼지 않고 쏟아 부었던 것만큼은 틀림없는 사실이다.

미술의 역사를 만드는 컬렉터

사람들은 미술사에서 화가들의 이름만 배우고 기억한다. 하지만 미술사를 들여다보면 컬렉터들이 화가들 못지않게 중요한 역할을 해왔다는 것을 알 수 있다. 물론 컬렉터들이 거창하게 '역사'를 바꾸겠다는 이유로 작품을 모으는 것은 아니다.

굳이 사람들이 그림을 사는 이유를 이론적으로 따지는 사람들은, 미술에 대한 사랑, 투자 수익에 대한 기대, 자신의 사회적인 가치 상승에 대한 욕구, 크게 이 세 가지를 수집의 이유로 들곤 한다. 하지만 미술품을 모으는 이유가 이 중 무엇에서 시작했든, 결과적으로 컬렉터들은 당대 미술계와 나아가서 미술의 역사에도 크게 영향을 끼친다. 월간지 『아트뉴스』가 화가에 대해서만 다루는 게 아니라, '세계의 컬렉터 톱200'을 뽑아 매년 발표할 정도로 컬렉터에게 관심을 기울이는 것은 이 때문이다. 국내 미술시장 전문잡지인 『아트프라이스』가 미술인과 일반인들을 대상으로 한 설문조사에서는 '한국 미술계를 움직인다고 생각하는 인물' 1위에 현대미술 컬렉터인 홍라희 삼성미술관 리움 관장이 3년 연속 꼽혔다. 간송의 경우에서 보듯, 한 나라의 귀한 미술품과 문화유산을 지키고 연구하는 몫 역시 컬렉터가 담당할 때가 많다.

우리 문화재의 지킴이

간송 전형필은 우리가 내세울 수 있는 제1의 컬렉터다. 일제시절 일본으로 넘어가는 우리 문화재를 사재를 털어 사서 지켜냈다. 그는 서울 종로의 이름난 부자인 전영기의 2남 4녀 중 막내아들로 태어났지만, 작은 아버지 댁에 손이 없어 그 집 양자로 족보에 올랐다. 그런데 친형이 스물여덟 나이로 요절을 하고 생부와 의부도 일찍 세상을 뜨자, 양가의 재산을 모두 물려받아 20대에 10만석지기 부자가 된다. 그는 물려받은 재

산을 문화재 수집에 쏟아 부었다.[10]

일제와 전쟁이라는 난리를 겪으면서도 수많은 우리의 문화재가 고스란히 남아 오늘날까지 전해올 수 있었던 것에는 간송의 덕이 컸다. 국보 65호인 청자향로, 66호 청자정병, 74호 청자연적 같은 최상의 미술품이 그를 통해 일본에서 조선으로 돌아왔다. 간송은 1938년에 '보화각葆華閣'이라는 사립박물관을 세워 자신이 모은 미술품들을 보존했다. 보화각이 바로 지금 서울 성북동에 있는 간송미술관이다.

간송이 작품을 살 때 빚어진 극적인 일화는 많이 남아 있다. 훗날 국보 294호로 지정된 '청화백자철사진사국화문병靑華白磁鐵砂辰砂菊花文甁'은 이미 일본으로 넘어갔던 것을 경매를 통해 사들인 것이다. 우리나라의 첫 본격 경매장인 서울경성미술구락부 경매장에서 1936년 11월에 열린 경매였다. 저축은행(제일은행의 전신)의 일본인 행장이 가지고 있던 이 백자가 경매에 나왔다. 경매는 500원에 시작했지만 순식간에 1만원이 넘어갔다. 앞서 말했듯 큰 기와집 한 채 값이 1000원이던 때였다. 경합을 하던 사람들은 다 떨어져 나가고 골동품 회사였던 야마나카 상회의 주인 야마나카와 간송 두 사람만이 남았다. 야마나카는 1만4550원을 끝으로 포기했고, 간송은 여기에 30원을 더 붙인 1만4580원을 불러 이 백자를 손에 쥐었다.

훈민정음 원본은 경상북도 안동에서 출현돼 누구 손에 어떻게 넘어갈지 모를 위기에 있었던 것을 간송이 사서 보관해온 것이었다. 1943년 어느 늦여름 오후, 간송은 어느 서림 앞을 바삐 지나던 책거간을 보고 그를 불러 급히 지나는 이유를 물었다. 그 거간은 안동에서 막 출현한 훈민정음 원본을 구하기 위해 돈을 마련하러 간다며, 훈민정음의 값이 1000원이라 했다. 간송은 즉시 1만1000원을 내주며 "1000원은 수고비요" 했다 한다.[11] 간송이 호가된 가격의 11배를 주고 지켜낸 훈민정음 원본은 지금 국보 70호로 지정돼 있다.

안목과 비전의 컬렉터

역사에 남는 컬렉터들은 모두 돈이 많았지만, 돈이 많다고 다 훌륭한 미술 컬렉터는 아니다. 간송은 그냥 닥치는 대로 값진 것을 모은 게 아니라, 우리 미술의 우수성과 독창성을 연구하는 데 필요한 핵심적인 작품을 골라서 모았기 때문에 더욱 높게 평가 받는다. 간송미술관 소장품을 연구하고 관리하는 총책임자인 최완수 실장은 "간송은 광복 이후 사람들이 조선 후기 시기를 다시 연구해 민족의 자부심을 살려주기를 바라는 마음에서 작품을 모은 것 같다. 간송의 소장품이 없었다면 우리나라에서 겸재와 추사 연구가 불가능했다"고 말한다. 간송은 숙종에서 정조에 이르는 조선 후기 125년이 우리 미술이 중국의 영향에서 벗어나 독창적으로 부흥했던 때라는 것을 알았고, 그 시기 핵심 작가인 겸재, 추사, 단원, 혜원을 집중적으로 모았다. 겸재와 추사를 연구할 때 꼭 비교해봐야 하는 중국 작품들도 같이 모아 두었다.

최근 우리나라에서는 미술이 돈이 된다는 인식이 퍼지면서,

미술품 수집을 오로지 투자의 수단으로만 여기는 컬렉터들도 생겨났다. 하지만 간송 같은 컬렉터를 보면, 좋은 컬렉터가 되기 위해서는 돈보다도 안목과 비전이 있어야 한다는 것을 느낀다.

모마를 세운 록펠러 집안

2007년 5월 뉴욕 소더비 경매. 미국의 대표적인 색면 추상화가 마크 로스코의 '화이트센터(White Center)'가 당시 환율로 약 670억 원인 7280만 달러에 팔려 '제2차 세계대전 이후 및 현대미술' 부문 세계 경매 최고가를 기록했다. 이 작품은 단지 최고 기록을 세웠다는 이유에서뿐만 아니라 작품 위탁자가 워낙 유명한 사람이라 더 화제가 됐다. 이 그림을 내놓은 사람은 바로 체이스 맨해튼 은행(현 JP모건 체이스 앤 컴퍼니)의 회장인 데이비드 록펠러(David Rockefeller, 1915~)였다. 록펠러 집안은 미국의 대표적인 미술 컬렉터 집안으로, 뉴욕의 세계적인 근현대미술관 '모마(MOMA)'를 세우고 이끌어가는 집안이다. 데이비드 록펠러는 1960년에 이 그림을 약 1만 달러 정도에 샀다고 하니, 물가상승을 감안하더라도 차익은 어마어마하다.

미술시장이 일찍 발달한 미국에는 미술계에 영향력이 크고 존경 받는 컬렉터들이 다른 나라에 비해 상대적으로 많다. 록펠러 가문은 석유 갑부로 시작해 4대째 미국에서 손꼽히는 부자이면서 미국 현대미술 발전에 눈에 띄는 공을 세우기도 한 집안이다.

뉴욕 맨해튼에 가면 꼭 가봐야 하는 곳 중 하나가 록펠러 센터다. 특히 해마다 크리스마스 때면 록펠러 센터 한 가운데 있는 아름다운 스케이트장 옆에 초대형 크리스마스 트리가 세워져 겨울철 관광객들의 발길을 모은다. 모마는 이 록펠러 센터에서 북쪽으로 5분만 걸어가면 나오는 미술관으로, 서양 근·현대 미술의 명품을 모아 놓아 연중 관광객이 끊이지 않고 줄을 서는 곳이다. 뉴욕이 세계 현대미술의 중심지가 되는 데 기여한 미술관이기도 하다.

록펠러 집안 사람들 중에도 모마를 세운 가장 큰 공로자는 데이비드 록펠러의 어머니이자 이 집안 갑부 행렬의 시조 J.D. 록펠러의 며느리인 애비(Abby) 록펠러다.

뉴욕에서 현대미술이 발달하던 1910년대 초에 미국의 화가인 아서 데이비스는 뉴욕에 대형 미술관이 있어야 한다고 생각하고 열성 컬렉터였던 세 여성을 설득한다. 바로 애비 록펠러, 메리 퀸 설리반(Mary Quinn Sullivan), 릴리 블리스(Lillie Bliss)였다. 데이비스는 좋은 작품을 소장하고 있던 이 컬렉터들이 상류층으로서 의미 있는 일을 하고 싶어 한다는 사실을 알고 있었다.[12] 특히 애비 록펠러의 컬렉션과 공헌은 미술관 설립에 결정적 역할을 했다. 미술관이 세워진 땅도 록펠러 가문이 기증한 땅이다. 그래서 모마 건물 한가운데 정원인 야외조각공원은 애비를 기려 '애비 알드리치 록펠러 조각공원'이라 이름 붙여졌다. 데이비드 록펠러는 현재 모마의 명예회장이면서,

죽으면 1억 달러를 모마에 기증하겠다는 서약서도 써 놓았다. 이 집안과 모마는 뗄 수 없는 관계에 있다.

세계적인 미술시장 전문지인 『아트앤옥션*Art & Auction*』은 1999년 12월호에 특집기사로 '현대미술시장을 만든 사람들' 리스트를 실었다. 물론 록펠러 집안(The Rockefeller Family)이 유명 평론가, 딜러들과 함께 당당하게 올라가 있다. 이 기사에서 모마의 명예대표인 아그네스 군트는 "록펠러 집안이 없었다면 우리가 지금 누리는 (미술감상의) 혜택의 절반도 누리지 못했을 것이다. 록펠러 집안은 미술수집문화, 상류층의 기부문화에 모범사례를 만들었다. 이후 많은 컬렉터들은 록펠러 집안을 따르고 있다"고 칭송했다. 그는 특히 록펠러 집안이 모마를 만드는 데 결정적 역할을 하고도 미술관 이름을 록펠러 미술관이라 하지 않고 현대미술관(Museum of Modern Art: 모마)이라 한 것은 매우 훌륭했다고 평했다.[13] 이름만 포기한 게 아니라 미술관 운영도 전문가에게 맡겼다. 모마의 초대 관장은 알프레드 바(Alfred Barr)라는 천재적인 큐레이터였는데, 애비 록펠러가 직접 인터뷰를 해서 뽑은 사람이다. 알프레드 바는 모마 개관 직후 경제대공황이 왔을 때에도 컬렉터들을 꾸준히 설득해 근·현대미술의 핵심작품들을 사들였다. 현재 모마가 자랑하는 대표적 소장품들이 알프레드 바의 안목과 사업수완으로 축적된 것이다. 모마가 오늘날 이렇게 성공적인 미술관이 된 것은 설립자들이 직접 나서지 않고 전문가 큐레이터를 뽑아 관장으로 앉혔기 때문에 가능했다.

드라마틱한 인생의 여성 컬렉터 페기 구겐하임

앞서 말한 『아트앤옥션』의 기사 '현대미술시장을 만든 사람들'에 올라 있는 또 하나 눈에 띄는 컬렉터는 페기 구겐하임(Peggy Guggenheim, 1898~1979)이다. 이 기사에서 아트딜러인 앤 프리드만은 페기 구겐하임을 가리켜 "미술과 미술작가들에 대한 후원에서 아트딜러들을 능가했다"고 평했다. 페기는 현대미술사의 전개에 컬렉터가 얼마나 큰 영향을 끼칠 수 있는지를 보여줬다. 제2차 세계대전 이후 현대미술의 중심이 파리에서 뉴욕으로 옮겨가고 유럽의 초현실주의와 미국의 추상표현주의 미술이 접목되는 데에도 결정적인 역할을 했다.[14] 또 페기 구겐하임을 주제로 한 연극('유리 앞의 여인')이 있을 정도로 여자로서 그의 삶은 드라마틱했다.

페기는 유명한 구겐하임 미술관을 세운 솔로몬 구겐하임의 조카딸이다. 뉴욕의 유대인 부잣집 딸로 태어났지만, 안락한 삶이 아닌 유럽 예술가들 속에서의 파란만장한 삶을 살았다.

페기는 14세이던 1912년에 타이타닉호 침몰 사고로 아버지 벤자민 구겐하임을 잃었다. 그리고 23세에 파리로 이주한다. 그곳에서 디 키리코, 달리, 막스 에른스트, 이브 탕기 등 유럽 초현실주의 작가들과 친해지고 이들의 작품도 많이 사게 된다. 또 사무엘 베게트, 탕기, 브랑쿠지 등 당시 파리의 유명한 전위적 예술가들과는 연인관계였던 것으로 유명하다. 페기의 첫 번째 남편은 로렌스 바일이라는 조각가였고, 두 번째 남편은 초현실주의 화가 막스 에른스트였다.

유럽에서 페기는 당시 현대미술가들의 중요한 후원자이자 친구, 연인으로 뜨겁게 살았다. 하지만 제2차 세계대전이 터지자 유대인인 그는 위험에 처한다. 다행히 1940년 12월 비상구조위원회에 50만 프랑을 기부하고 미국으로 돌아갈 탈출구를 마련한다. 이 때 페기는 이미 첫 번째 남편 바일과 이혼한 상태였기 때문에 애인이었던 막스 에른스트와 함께 미국으로 간다. 시인이자 초현실주의 미술 평론가이기도 했던 앙드레 브르통에게도 미국으로 갈 수 있는 비행기편을 마련해주고 운임까지 지불해준다. 페기는 자신이 가진 재력을 이용해 초현실주의 미술을 든든하게 후원했던 멋진 컬렉터였다.

마침내 1941년 뉴욕으로 돌아온 뒤 그는 '금세기 갤러리(The Art of This Century Gallery)'라는 기념비적인 갤러리를 낸다. 이 갤러리는 서양현대미술사에서 매우 중요하게 평가를 받는다. 미술의 중심지가 파리에서 뉴욕으로 옮겨간 계기를 마련했기 때문이다. 페기는 이 갤러리에서 아르프, 브라크, 디 키리코, 달리, 막스 에른스트, 자코메티, 칸딘스키, 미로, 피카소, 탕기 등 유럽의 전위적 작가들을 전시했고, 뉴욕으로 피난 온 화가인 샤갈, 로베르토 마타 에카우렌, 이브 탕기, 앙드레 마송, 쿠르트 셀리히만 등이 당시 미국에서 새로 등장한 화가였던 잭슨 폴록, 마크 로스코, 로버트 마더웰을 만나게 해주었다.[15] 이 미국 작가들은 나중에는 추상표현주의의 대표적인 작가로 성장하지만 그 때만 해도 낯선 신진작가들이었다. 이들에게 전폭적인 지원을 하는 것은 당시엔 '도박 같은 일'이었다. 하지만 페기는 옳았다. 이 작가들을 비롯해 페기가 수집하고 후원했던 작가들 중 상당수가 나중에 미국 현대미술의 거장이 됐다.

페기 구겐하임의 삶은 여성으로서 굴곡이 많았다. 1942년 결혼한 막스 에른스트와 5년만에 이혼한 뒤 그는 '금세기 갤러리'의 문을 닫고, 이탈리아 베니스로 가서 죽을 때까지 그곳에 산다. 페기가 죽은 후 그의 유언에 따라 살던 집에 그의 컬렉션을 기반으로 만들어 진 것이 바로 유명한 베니스의 페기 구겐하임 미술관(Peggy Guggenheim Collection)이다. 미국현대미술의 중요한 작품들로 이뤄진 페기의 컬렉션은 유럽에서 보기 드문 컬렉션으로, 20세기 전반기의 서양현대미술을 이해하는데 매우 중요한 자료다.

영국 화가들을 세계 스타로 만든 찰스 사치

오늘날에도 컬렉터들은 미술계에서 중요한 역할을 하고 있다. 1990년대에 영국 젊은 화가 'YBA(Yong British Artists)' 붐을 몰고 온 주인공인 찰스 사치(Charles Saatchi, 1943~)는 세계의 현대미술을 주름 잡는 대표적인 컬렉터다. 그는 죽은 상어, 양, 비둘기 등 동물의 사체를 포름알데히드 용액에 담가 박제 처리한 엽기적인 설치작품으로 유명한 대미언 허스트를 키워낸 사람이다.

사치는 영국의 광고업자다. 런던 골드스미스 칼리지의 똑똑한 학생이었던 대미언 허스트는 1990년에 죽은 소 머리 주변에 파리떼들이 우글거리는 것을 실제로 재현한 박제 설치작품 '1000년(A Thousand Years)'을 만들었는데, 사치는 이 작품을 본 즉시 구입한다. 이를 계기로 그는 본격적으로 이런 영국의 전위적 젊은 작가들을 후원하기로 마음먹는다. 그 전까지 사치는 미국 현대미술과 이탈리아 미술을 수집하던 유명 컬렉터였다. 하지만 영국 젊은 화가들로 눈을 돌린 뒤 머지않아 1992년에 그는 자신의 미술관에서 허스트 같은 작가들을 모아 '젊은 영국 아티스트들(Young British Artists)'이라는 전시를 열었다. 이 전시는 대히트를 쳤고, 영국의 젊은 전위적 작가들은 미국과 다른 나라에도 알려지게 된다. 대미언 허스트, 레이첼 화이트리드, 트레이시 에민 등 'YBA'로 불리며 세계미술시장을 주름 잡는 영국의 젊은 작가들은 찰스 사치, 영국의 딜러 제이 조플링, 그리고 런던 최고의 현대미술관인 테이트 갤러리가 만들어낸 합작품이다.[16]

카지노를 미술의 도시로 바꾼 컬렉터 윈

미국에서 1990년대에 두드러지게 활약한 컬렉터로는 스티브 윈(Steve Wynn, 1942~)을 꼽을 수 있다. 도박의 천국 라스베거스를 명품 미술 도시로 바꿔놓은 주인공이다. 그는 세잔, 고갱, 반 고흐, 마네, 피카소, 앤디 워홀 등 고가의 비싼 작품들을 사서 라스베거스에서 자신이 운영하는 호텔에 전시를 하고 있다. 한때 스티브 윈이 소장했던 작품 중 가장 유명한 것은 피카소가 젊은 애인을 그린 '꿈(The Dream)'이었다. 윈은 이 작품을 1997년에 4800만 달러에 샀는데, 2006년에 이 작품을 팔겠다고 공개하면서 기자들에게 보여주다가 그만 자기 팔꿈치로 그림을 건드려 망가뜨린 것으로 유명하다. 즉각 보도가 되면서 이 그림은 전 세계적으로 더 유명해졌다. 그림을 복원하는 데 든 비용이 9만 달러였다고 한다. 그림 값은 떨어졌지만, 윈은 보험회사에 어마어마한 액수를 청구했기 때문에 금전적인 손해를 보지는 않은 것으로 알려졌다. 이런 예에서 볼 수 있듯, 윈은 카지노가 도박만 하는 무식한 곳이 아니라 고급 문화를 즐기는 곳이라는 이미지를 심어준 주인공이다. 2006년에 그는 마카오에도 카지노 호텔을 열었는데, 이 사람 덕분에 마카오 카지노에도 명품 미술이 들어서고 있다.

21세기 들어 한국, 중국, 러시아, 인도, 중동 등 새로운 지역에서 등장한 컬렉터들이 미술시장의 중심에서 맹활약하고 있다. 20세기까지는 미국과 유럽의 몇몇 주요 컬렉터들만 활약했던 것에 비해 큰 변화다. 2007년 봄 런던 소더비의 한 경매에 참여한 사람 중 20%가 이런 신참 컬렉터였다는 보도도 있었다. 컬렉터의 다변화는 앞으로 세계 미술계의 구도를 바꾸는 데에도 기여할 것이다.

역사에 남은, 역사에 남을 딜러들

딜러는 미술시장의 디자이너

외롭게 작업실에 묻혀 작품에 몰두하지만 세상 사람들이 알아주는 것 같지 않을 때 화가는 힘들다. 아트딜러들은 이런 작가들을 찾아내 그들이 세상에 알려지도록 발품을 팔아 장사를 해준다. 딜러들은 매달 얼마씩 창작비용을 화가에게 월급처럼 지불하면서 작품을 사기도 하고, 때로는 "이런 작품을 해달라"는 식으로 작가에게 주문생산을 하기도 한다. 화가의 창작작업에 관여를 하는 셈이다. 물론 논란도 있다. 예술가는 어떤 터치도 받지 않고 오로지 자신의 세계에만 매달려야 한다고 주장하는 사람들도 있다. 하지만 글쟁이가 쓴 글은 세상 사람들에게 읽혀져야만 의미가 있고, 화가의 그림 역시 세상에 보여질 때 의미가 있다. 그러니 딜러는 화가와 세상 사람들을 연결해주는 아주 중요한 역할을 하는 것이다. 딜러의 역할은 특히 근대 이후에 중요해졌는데, 미술계가 분업체제에 들어갔기 때문이다. 그래서 딜러는 미술시장을 디자인하는 사람으로도 표현된다.[17)]

볼라르, 세잔느와 피카소를 키운 딜러

르느와르(Pierre Auguste Renoir, 1841~1919), 세잔느(Paul Cezanne, 1839~1906), 피카소(Pablo Picasso, 1881~1973)가 모두 즐겨 그린 모델 중 앙브루아즈 볼라르(Ambroise Vollard, 1866~1939)라는 아트딜러(art dealer: 화상畵商)가 있다. 피카소는 "어떤 아름다운 여성도 볼라르보다 더 많이 모델이 된 사람은 없다"고 말했다. 대체 볼라르는 누구였기에 세계적 화가들이 그를 그렇게 많이 그렸을까?

답은 간단하다. 볼라르는 이 화가들이 세상에 알려지는 데 결정적 역할을 한 사람이었다. 화가는 작업실에서 그림을 그리지만, 그 그림을 직접 들고 길에 나서서 "내 그림 좀 보고 사 주세요" 하지는 않는다. 세상 사람들에게 그림을 보여주고 팔아주는 이 중요한 역할을 대신 해주는 것은 바로 아트딜러다. 쉽게 말하면 그림 장사꾼이지만, 일반인들이 발견하지 못한 숨어 있는 훌륭한 화가를 발굴해서 세상에 내놓는 일이 진

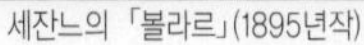

세잔느의 「볼라르」(1895년작)

르느와르의 「볼라르」(1908년작)

짜 딜러의 중요한 역할이다. 능력 있는 딜러는 될성부른 화가를 미리 알아보고 키워내, 그 화가가 값이 올라간 뒤에는 돈도 많이 번다. 훌륭한 화가 뒤에는 대개 훌륭한 딜러가 있다. 볼라르도 그런 딜러였다.

볼라르는 1893년 당시 파리의 미술 중심가에 '루 라피테(Rue Laffitte)'라는 갤러리를 내고 1901년에 피카소의 첫 번 째 개인전을, 1904년에 마티스의 첫번째 개인전을 열었다. 세잔느와 조각가 마이욜의 첫번째 개인전도 열었다. 그는 세잔느, 피카소, 마이욜, 피에르 보나르, 오딜롱 르동, 앙드레 드랭, 루오, 반 고흐, 고갱 등이 전위적인 작품경향으로 당시 대중들에게 외면 당할 때 이 작가들의 소질을 알아보고 적극적으로 이들의 작품을 사주며 후원한 것으로 유명하다. 책의 앞 부분에서 얘기한 '곰가죽 컬렉터 모임'의 르벨과 볼라르는 가까웠다.

조각가인 마이욜은 "볼라르 덕분에 내가 살아갈 수 있었다"

고 말하기도 했다. 작품을 미리 싸게 사서 컬렉터들에게 비싸게 팔아 이익을 남긴 것으로도 잘 알려져 있다. 볼라르는 작가들의 가치를 올리기 위해 작품을 함부로 보여주지 않고 오랫동안 숨겨놓았다가 때가 되면 한번에 전시하곤 했다. 오늘날 많은 딜러들이 하고 있는 현명한 방법이다.

하지만 볼라르가 역사에서 훌륭한 딜러로 기억에 남는 것은 단지 그가 돈을 잘 벌고 화가들을 먹고 살게 해주었기 때문만은 아니다. 그는 세잔, 드가, 르누아르의 전기를 썼을 정도로 똑똑한 딜러였다. 볼라르가 만든 르동, 드가, 루오, 보나르, 툴루즈-로트렉, 피카소의 판화집은 유명하다. 화가에게는 밥을 먹고 사는 것뿐 아니라, 제대로 된 개인전을 하고 도록과 책을 발간하는 등 세상 사람들과 소통하는 것이 가장 중요하다는 것을 볼라르는 알았고, 이를 실천했다.

칸바일러, 입체파 미술의 숨은 공로자

유럽의 근대미술사에서 볼라르 이후 가장 유명한 딜러는 칸바일러(Daniel-Henry Kanweiler, 1884~1979)다. 그 역시 피카소의 화상이었다. 그는 20세기 초 서양미술의 개념 자체를 뒤흔든 입체파 미술의 두 작가 피카소와 브라크(Georges Braque, 1882~1963)를 후원했던 딜러로 유명하다.

칸바일러는 독일의 유명한 주식중개인의 아들로 태어난 덕에 스무살 나이에 당시 금융중심지였던 파리의 주식거래소에서 일을 하고 있었다. 하지만 여가 시간을 이용해 미술관과 갤러리를 다니다가 자신의 열정이 주식보다는 미술에 있다는 것을 깨달았다. 결국 그는 28세에 직업을 바꿔 파리에 갤러리를 낸다.

칸바일러가 훌륭한 화상이 될 수 있었던 것 역시 돈 때문이 아니라 보는 눈 덕분이었다. 그는 이미 유명해진 작가들을 전시·판매하는 안전한 방법을 피하고, 당시로서는 전위적이었던 작가들을 발굴하는 데 전념한다. 1907년 봄 피카소의 작업실을 처음 방문한 그의 눈에 피카소의 명작 '아비뇽의 여인들'이 들어왔다. 이 작품은 지금 뉴욕 근현대미술관 '모마'가 자랑하는 이 미술관의 대표적인 소장품이다. 앞·뒤·양옆 등 여러 시점에서 본 사물의 모습을 모두 2차원 한 화면 안에 담고, 입체를 정육면체(cubic)로 쪼개서 평면화한 그림, 피카소의 독특한 입체파 화풍이 비로소 시작된 기념비적인 작품이다. 당시 이런 작품은 너무 전위적이라 대중에게 잘 먹히지 않았다. 하지만 칸바일러는 '아비뇽의 여인들'을 본 순간 피카소가 후대에 큰 영향을 끼칠 훌륭한 화가라는 것을 알았다.[18]

볼라르도 피카소의 화상이었지만, 볼라르는 피카소의 초기 경향 작품인 청색시대, 장미시대 그림을 다뤘다. 이에 비해 칸바일러는 피카소가 후대에 비로소 영향을 많이 끼치게 된 입체파 경향의 작품을 다뤘다는 점에서 더 의미가 있다. 또 피카소와 함께 입체파의 대표적 화가였던 브라크도 후원했다. 사실 피카소와 브라크가 서로 알게 된 것도 칸바일러를 통해서이고,

피카소의 「칸바일러」(1910년작)

'입체파(cubism)'라는 말이 나온 것도 칸바일러 때문이다. 칸바일러가 1907년 11월에 브라크의 첫 개인전을 열었는데, 이 전시를 본 프랑스 미술평론가 루이 보셀르가 "물체를 정육면체 모양으로 만든 것 같다"라고 말해 입체파라는 말이 쓰이기 시작한 것이다.

브라크 개인전부터 5년이 지난 뒤 칸바일러는 피카소, 브라크, 드랭과 독점계약을 맺는다. 오늘날 화상과 작가가 흔히 맺는 계약과 홍보의 전형이다. 그는 작품을 손에 넣으면 우선 모두 사진으로 찍어 기록으로 남기고 그 사진으로 언론과 해외 미술계에 홍보를 했다. 볼라르처럼 칸바일러도 자신이 다루는 화가들의 도록과 책을 내는 데 힘을 쏟았다. 제1차 세계대전을 피해 스위스로 갔을 때, 자신이 직접 큐비즘에 관한 책을 썼고, 평론가, 시인, 화가들을 자신의 갤러리에서 만나도록 주선해 이들이 함께 책을 내도록 알선해 만든 것도 40권이 넘는다. 볼라르와 칸바일러가 했던 일을 보면 딜러가 그냥 장사꾼은 아니라는 것을 알 수 있다.

미국의 현대미술을 키운 리오 카스텔리

제2차 세계대전 이후 유럽의 화가들은 미국으로 건너갔고, 능력 있는 미술계 사람들과 돈이 모여들던 뉴욕은 점차 파리를 대신해 세계 미술의 중심지가 돼 갔다. 유럽의 근대미술의 주요한 작가들이 자리를 잡는 데 볼라르와 칸바일러가 큰 역할을 했다면, 미국의 현대미술이 오늘날처럼 중요한 미술이 되는 데에는 미국의 딜러들이 크게 기여했다. 그 중 가장 유명한 사람을 꼽으라면 단연 리오 카스텔리(Leo Castelli, 1907~1999)다. 1999년 8월 21일 리오 카스텔리가 죽었을 때 뉴욕타임즈는 "미국의 현대미술이 자리 잡는 데 극도로 중요한 역할을 했던 뉴욕의 아트딜러가 타계하다"라고 긴 추모의 기사를 시작했다.[19]

리오 카스텔리는 원래는 파리에서 갤러리를 시작했지만 제2차 세계대전을 계기로 1941년 뉴욕으로 이민을 갔다. 미국에서 그는 잭슨 폴록, 윌렘 드 쿠닝 등 당시 미국에서 막 활동을 시작하던 젊은 작가들과 친분을 가졌다. 1950년대와 1960년대에는 앤디 워홀, 제임스 로젠퀴스트, 로이 리히텐슈타인 등 팝아트 작가들을 후원하고 작품을 팔았다. 그는 앤디 워홀의 그 유명한 캠벨수프깡통 그림을 제일 먼저 팔았던 딜러로 알려져 있다. 또 재스퍼 존스, 로이 리히텐슈타인, 프랭크 스텔라의 첫 번째 개인전을 열어줬던 사람이기도 하다.

리오 카스텔리는 50세이던 1957년에 처음 자신의 갤러리를 냈다. 앞서 애기한 유럽의 딜러 볼라르와 칸바일러에 비하면 늦은 나이였지만, 경력이 어느 정도 쌓인 뒤에 시작한 갤러리라 오히려 신뢰를 얻는 데 좋았다고 평가받는다. 이 갤러리에서 그는 잭슨 폴록, 윌렘 드 쿠닝, 사이 톰블리 등 추상표현주의 작가들, 라우센버그, 재스퍼 존스 등 초기 팝아트 작가들, 프랭크 스텔라, 도널드 저드, 로버트 모리스, 댄 플레이븐, 리처드 세라 등 미니멀리즘 작가들, 로이 리히텐슈타인, 앤디 워홀 등 팝아트 작가들, 조셉 코서스 등 개념미술 작가들의 전시를 했다. 하나같이 오늘날 전 세계의 현대미술작가들에게 큰 영향을 끼치고 있는, 미술사 교과서에 빠지지 않고 나오는 매우 중요한 작가들이다. 이들의 작품 가격이 지금 얼마나 올랐는지는 계산을 할 수 없을 정도다. 그래서 사람들은 리오 카스텔리를 가리켜 "부르주아 미술시장을 개척했다"고 평가하기도 한다.

리오 카스텔리는 늘 '새로운 작가'를 추구했다는 점에서 아트딜러계의 위인偉人격으로 평가 받는다. 이미 유럽에서 성공한 화가인 피카소나 마티스를 리오 카스텔리는 더 이상 다루지 않았다. 대신 기존 컬렉터들이 "이게 뭐야?" 하고 놀랄 정도로 완전히 새로운 작가들, 앤디 워홀, 리히텐슈타인, 프랭크 스텔라 같은 작가들을 다뤘다. 리오 카스텔리는 개인적으로 추상표현주의 작가들과도 친했지만 1960년대에 그는 추상표현주의가 더 이상 힘을 발휘할 미술이 아니라 판단하고, 팝아트와 미니멀리즘이라는, 추상표현주의와는 전혀 다른 또 새로운 미술에 집중했다.

리오 카스텔리가 다룬 작가들은 오래 걸리지 않아 세계적으로 유명해졌다. 그가 후원했던 주요 작가 중 하나인 로버트 라우센버그는 1964년 베니스 비엔날레에서 미국작가로는 처음 메이저 상을 받는데, 이후 유럽의 주요 미술관들은 미국의 현대미술 작품을 수집하기 시작한다. 전 세계 미술계가 유럽이 아닌 미국의 현대미술로 눈을 돌리기 시작한 '스타트'였다.[20)]

리오 카스텔리는 여러 인터뷰를 통해 "나는 작가를 고를 때 새로운 영역을 개척했는지를 보고 고른다"고 말했다. 진짜 아트딜러가 무엇인지를 보여준 것이다. 이미 잘 팔리는 화가의 그림을 가져다가 이익을 남기는 게 아니라, 일반인들이 발견하지 못한 훌륭한 화가를 발견하는 '눈'을 가진 게 딜러다. 하지만 이런 '눈'을 가지고 과감하게 베팅하는 아트딜러가 되는 건 쉬운 일이 아니다. 우리나라에서 '화랑'이나 '갤러리' 간판을 단 곳은 넘쳐나지만, 대부분은 이미 잘 팔리는 화가의 작품을 가져다가 얹어 팔고 중개 수수료만 챙기고 있다. 우리나라만 그런 게 아니다. 외국에서도 정말 좋은 작가를 발굴해 키워내는 딜러는 손가락에 꼽힐 정도다. 그런 점에서 반세기 전에 그런 작가를 한둘도 아니고 이렇게 많이 발굴해내 세계 미술사에 길이 남도록 키워낸 리오 카스텔리는 전설적인 딜러로 남을 만 하다.

리오 카스텔리는 미술품 거래를 하는 방식에서도 동시대

다른 딜러들과 달랐다. 그때까지만 해도 뉴욕 갤러리들은 작품을 함부로 보여주지 않고 예약한 사람들에게만 보여주는 고급 마케팅을 했다. 하지만 리오 카스텔리는 처음 맨해튼 업타운에 냈던 갤러리에 이어 1970년대에 소호점으로 확장하면서 갤러리 벽을 유리로 해서 지나는 사람들 누구나 작품을 구경할 수 있게 만들었다. 리오 카스텔리의 소호 갤러리 이후 소호는 뉴욕의 갤러리 중심지로 발달하게 되었다.

리오 카스텔리는 또, 잘 팔리는 작가든 팔리지 않는 작가든 고정급여를 준 것으로 유명하다. 그래서인지, 작가와 딜러는 사이가 좋다가도 일이 틀어지면 계약이 끊기곤 하는데, 리오 카스텔리의 경우 작가들이 그를 떠나는 경우는 거의 없었다고 한다.

리오 카스텔리가 만든 일화는 수없이 많다. 뉴욕 근현대미술관 '모마'에 있는 매우 중요한 작품 중 하나인 로버트 라우센버그의 '침대(Bed, 1955년작)'는 리오 카스텔리가 1988년에 기증한 것이다. '침대'는 실제 라우센버그가 쓰던 침대의 시트, 베개 등 '기성물품(found objects)'을 뜯어서 붙이고 그 위에 물감을 덧칠한 콜라주 작품이다. 팝아트의 전초를 알리면서 '컴바인 페인팅'이라는 새로운 장르를 탄생시킨 기념비적인 작품이다. 로버트 라우센버그의 대표작이기도 한 이 작품의 1988년 당시 시가는 1000만 달러였다. 그 때는 미국에서 기증미술품에 대한 세금공제 혜택법도 없을 때였다. 하지만 리오 카스텔리는 그 작품을 기증하면서 "모마에 고마운 게 많기 때문에,

그리고 모마의 초대 관장이었던 알프레드 바가 나의 정신적 멘토이기 때문에 이를 기증한다"라고 말했다. 자신의 비즈니스와는 아무 관계 없이 100% 순수한 이유에서 작품을 기증한 것처럼 들린다. 하지만 사실은 자신이 다루는 작가가 이 정도 권위 있는 미술관에 들어갈 수 있는 작가라는 것을 보여준 셈이다. 작가인 라우센버그도 "내 작품이 경매에 나와 하룻밤만 주목 받는 것보다 이런 미술관에 소장되는 것이 자랑스럽다"며 좋아했다. 리오 카스텔리는 당장 눈앞의 이익보다는 멀리, 많은 것을 볼 줄 아는 현명한 딜러였다.

오늘날에도 딜러들은 미술계를 움직이는 중요한 사람들이다. 뛰어난 딜러들은 자신들이 발굴해낸 화가들로 미술계에 영향을 끼칠 전시를 기획하고, 작품의 수급을 조정해 가격을 만들고, 때론 언론플레이도 한다. 화가의 가치를 올리기 위해 온갖 영리한 방법을 쓰며 미술계를 뒤흔든다.

1980년대 이후의 주요 딜러들

1980년대 이후 미국, 즉 뉴욕에서 현대미술시장이 급부상하면서 딜러들의 힘은 더 커진다. 유명 딜러들은 대부분 뉴욕을 기반으로 활약하게 된다. 이들 중 지금까지도 뉴욕에서 맹활약하고 있는 유명 딜러로 메리 분느(Mary Boone), 메리언 굿맨(Marian Goodman), 바바라 글래드스톤(Barbara Gladstone), 래리 가고시안(Larry Gagosian), 제프리 다이치(Jeffrey Deitch) 등을 들 수 있다. 대부분 딜러들은 자신의 이름으로 갤러리를 운영하고 있다. 그래서 유명 갤러리의 이름은 그 갤러리를 운영하는 딜러의 이름인 게 많다.

메리 분느는 1980년대에 급부상했던 회화작가인 줄리앙 슈나벨과 데이비드 살르를 다뤘던 여성 딜러다. 하지만 당시 스타로 떴던 이 작가들은 1990년대 초 미술시장의 위기를 겪고 난 뒤 시장에서 가치가 떨어져 버렸다. 분느의 불멸의 '히트작'은 요절한 흑인 화가 바스키아(Jean-Michel Basquiat, 1960~1988)라 할 수 있다. 이민족 가정에서 태어난 바스키아는 상업적인 갤러리 공간 대신 벽에 그림을 그리는 반항적인 벽화 아티스트로 시작했고 1980년대 뉴욕 이스트빌리지에서 발생한 반항적 미술운동의 주동자이기도 했다. 하지만 뉴욕의 상업적인 미술에 반기를 들었던 그는 아이러니하게도 누구보다도 비싼 작가가 됐다. 짧은 시간 안에 명성을 얻었고, 메리 분느 같은 딜러의 눈에 들어 뉴욕의 경매에서 고가에 작품이 팔리기까지 했다. 지금 바스키아 작품 값은 어느 작가도 따라오기 힘들 만큼 비싸다. 반항아 바스키아가 아이러니하게 시장적 가치를 얻도록 만든 장본인이 바로 아트딜러 메리 분느다.

메리 분느와 함께 뉴욕 미술계를 뒤흔드는 또 한 명의 여성 파워가 메리언 굿맨이다. 사실 현대의 파워 있는 아트딜러 중에는 특히 여성이 많다. 미술 컬렉터인 아버지에게서 영향을 받은 메리언 굿맨은 1977년 뉴욕 맨해튼 57번가에 자신의 이름을 딴 갤러리를 세우고 유럽의 작가들을 미국에 소개하는

데 주력해왔다. 그가 다룬 작가 중 게하르트 리히터나 토마스 스트루스는 모마에서도 개인전을 가진 세계적인 작가다.

바바라 글래드스톤도 파워 여성 딜러다. 글래드스톤의 최고 히트 작가는 매튜 바니다. 2005년 삼성미술관 리움에서 개인전을 한 적이 있는 매튜 바니는 뉴욕에 본거지를 두고 평면, 설치, 사진, 영화 등 장르를 넘나들면서 전위적인 작품을 보여주는 현대미술의 총아다. 바바라 글래드스톤은 매튜 바니가 제작한 영화에 등장하기도 했다. 하긴 제작비가 수십억 원씩 들어가는 매튜 바니의 영화 제작비를 글래드스톤이 댔으니, 그가 영화에 등장하는 게 놀랄 일은 아니다.

세계미술시장은 1990년대 초반에 일본의 거품경제 붕괴 탓으로 한번 곤두박질하는 침체기를 겪었다가 2000년대 들어 무섭게 살아나고 있다. 특히 2000년대에는 개인 딜러들을 위협할 정도로 경매회사의 영향력이 커진 게 특징이다. 딜러와 경매회사는 서로 경쟁 관계에서 갈등도 많이 겪었지만, 최근에는 협업하면서 같이 미술시장을 이끌어가는 분위기다. 무엇보다도 딜러가 경매회사의 고객으로 맹활약하는 것이 기정사실이 되었다. 대표적인 예가 래리 가고시안이다. 뉴욕, 런던, 캘리포니아 비버리힐즈에 큰 갤러리를 가지고 있는 래리 가고시안은 영국의 젊은 작가 그룹인 YBA를 미국에서 유행시키고 전 세계로 퍼뜨린 주인공이다. 요즘 그가 가장 주력하는 작가는 대미언 허스트와 제프 쿤스다. 앞에서도 얘기했듯, 가고시안은 소더비와 크리스티의 현대미술 경매 때 기록을 세우는 작품을 직접 구입해서 종종 보도가 되곤 한다. 자기가 다루는 작가의 작품을 기록을 깨면서까지 직접 사들여 논란을 빚기도 한다. 물론 대미언 허스트와 제프 쿤스처럼 워낙 전위적이고 논란이 많은 작가들을 다뤄 안 그래도 늘 얘기가 되는 사람이긴 하다. 그가 다룬 작가들이 앞으로 얼마나 많이 살아남을지 모두가 관심을 가지고 지켜보고 있다.

좀 늦게 1990년대에 등장한 뉴욕의 딜러 중 유명한 사람은 제프리 다이치(Jeffery Dietch)를 꼽을 수 있다. 그가 1996년 소호에 세운 갤러리 '다이치 프로젝트'는 바네사 비크로프트, 오노 요코 등의 퍼포먼스를 소개했고, 현재까지도 뉴욕 미술계에서 중요한 위치를 차지하고 있다.

갈수록 미술에서 시장의 영향력은 커지고 있다. 그래서 현대미술계에서는 딜러들이 평론가보다 더 큰 파워를 행사하는 것이 현실이다.

경매의 스타 작가들에게는 다 이유가 있다

미술평론가인 오광수 전 국립현대미술관장은 예술가가 될 수 있는 조건으로 첫째 천부적인 기질, 둘째 이 소질을 발견하고 가꾸어 주는 환경, 셋째 예술가 자신의 노력이라고 했다.[21] 비싼 화가의 조건도 이와 크게 다르지 않다. 물론 비싸게 팔리는 화가가 다 좋은 화가가 아니고, 좋은 화가라고 다 비싼 것은 아니다. 하지만 대체로 인기도 있고 작품성도 인정받는 훌륭한 화가들은 소질, 환경, 노력 이 세 가지가 다 뒷받침된다. 다만 현대의 미술시장에서는 여기에 몇 가지의 시장적인 요인이 더 작용을 한다.

미국 팝아트의 파워

국제 미술시장 분석기관인 아트프라이스닷컴은 매년 세계 미술경매에서 거래된 작품의 낙찰가격 총액을 작가별로 매겨 순위를 낸다. 여기에서 2005년과 2006년 모두 1위는 단연 피카소였다. 그런데 2007년에는 바로 앤디 워홀(Andy Warhol, 1928~1987)이 1위로 올라섰다. 앤디 워홀의 가장 비싼 경매작품은 2007년 봄 뉴욕 크리스티에서 7200만 달러(약 660억 원)에 팔린 '그린 카 크래쉬(Green Car Crash, 1963년작)'다. 실제 일어난 자동차 사고 사진을 녹색 모노톤으로 처리한 뒤 폴라로이드처럼 여러 장 이어 붙인 평면작품이다. 끔찍한 사고장면을 장식적인 그림으로 만들어서 낯설게 보이도록 하는 그의 '재난 시리즈(Death and Disaster Series)' 중 하나로, 마릴린 먼로, 코카 콜라 등 대중문화의 아이콘을 사용한 작품들과 함께 앤디 워홀의 대표적 시리즈로 꼽힌다. 이날 크리스티 경매에서는 노란색 톤의 마릴린 먼로 그림인 워홀의 '레몬 마릴린(1962년작)'도 2800만 달러(약 256억 원)에 팔려 화제였다. 이 경매 이전에 앤디 워홀의 가장 비싼 작품은 그 전 해 가을 1740만 달러에 팔린 마오쩌뚱의 초상화였다. 불과 반 년 만에 앤디 워홀의 작가 최고기록이 두 번 연달아 깨졌으니, 이날 경매는 세상에 워홀의 파워를 다시 한번 알린 중요한 사건이었다.

팝아트처럼 미국의 현대미술을 대표하는 미술의 값은 2000년대 들어 폭등했다. 그런데 여기에 동의하지 못하는 사람들이 많다. 그들은 이렇게 이야기한다.

"피카소나 반 고흐가 비싼 것은 그렇다 치자, 워낙 특이하게 잘 그린 사람들이니 용서할 수 있다, 하지만 앤디 워홀은 뭐냐? 코카콜라, 캠벨수프깡통, 마릴린 먼로, 재클린 케네디처럼 이미 세상에 널려 있는 이미지를 도둑질해서 조금 가공만 했을 뿐인 '쉬운 그림'이 도대체 어떻게 수백억 원대에 거래가 될 수 있는가?"

미술사적으로 중요한 작가가 비싼 작가

경매에서 천문학적인 가격으로 거래가 되는 작가들의 작품을 '작품성'이나 '조형성'만 놓고 보면 이렇게 화가 난다. 미술품의 가격은 '보이지 않는, 가격을 매길 수 없는 가치'에 매겨지는 가격이다. 따라서 눈에 보이는 물질적인 면만 가지고는 그 값을 도저히 이해할 수 없다.

그런 의미에서 미국 팝아티스트들이 2000년대 들어 경매시장의 스타로 떠오른 배경에도 눈에 보이지 않는 측면, 즉 미술사적인 가치와 시장의 역학관계가 있다는 것을 이해해야 한다.

먼저 미술사적인 가치다. 서양미술사에서 팝아트의 시초는 사실 영국의 리차드 해밀턴의 1956년도 꼴라주 작품 '오늘날 가정을 특이하고 매력적으로 만드는 게 무엇인가?(Just What Is It That Makes Today's Homes So Different, So Appealing?)'로 본다. 잡지에서 오려낸 반라半裸의 남녀 모델 사진, 축음기 사진 등 현대

문화의 상업적인 이미지를 덕지덕지 붙인 충격적인 작품이었다. 현대인들 생활에 깊숙이 들어와 있는 '키치(Kitsch: 대중에게 익숙한 싸구려 이미지)'를 고급 예술의 소재로 당당하게 사용한 이 기념비적인 작품에는 기름기 줄줄 흐르는 근육질의 남자가 '팝(pop)'이라는 글자가 씌어진 테니스 라켓을 들고 있다.

하지만 팝아트가 대중의 호응을 얻고 폭발적으로 유행하게 된 것은 1960년대 미국 작가들에 의해서다. 미국은 코카콜라, 수프깡통, 마릴린 먼로 등 세계인들에게 가까운 대중문화 아이콘의 종주국이나 마찬가지였다. 게다가 누구나에게 익숙한 이런 싸구려 이미지가 상류층도 즐기는 고급예술의 소재로 사용된다는 점은 바로 미국이 자랑하는 민주주의 정신과 맞아떨어졌다. 특히 상업적인 광고그림을 그리다가 고급 예술가로 둔갑한 앤디 워홀은 이런 흐름을 이끈 대표적 주자로 영웅처럼 됐다.

오늘날 우리가 우리나라 현대미술 작가들이 하는 전시회를 가 보면 헤아릴 수 없을 만큼 많은 작가들이 팝아트의 영향을 받은 것을 볼 수 있다. 1960년대 미국에서 시작한 팝아트 바람이 반세기가 지난 지금까지 전 세계 많은 현대작가들에게 큰 영향을 끼치고 있는 것이다. 오늘날 앤디 워홀의 쉬운 그림, 우스운 그림이 이렇게까지 비싸진 배경에는 이런 미술사적인 이유가 가장 크게 작용한다.

한때 우리나라에서는 로이 리히텐슈타인의 '행복한 눈물(Happy Tears, 1964년작)'이 화제였다. 전 삼성그룹의 법무팀장이었던 김용철 변호사가 삼성이 비자금으로 이 그림을 샀다고 주장해 전 국민적인 관심을 모았다. 이 그림은 2002년 11월 뉴욕 크리스티 경매에서 당시 환율로 약 86억5000만 원 정도인 715만9500만 달러에 낙찰됐으며 이후 5년 동안 가격이 적어도 3-4배는 더 오른 것으로 알려져 있다. 빨간 머리에 빨간 립스틱, 빨간 손톱을 한 젊은 여자가 눈물을 글썽거리며 웃고 있는 간단한 그림인데 말이다. 왜일까? 앤디 워홀과 같은 이유다. 수십 년 동안 전 세계에 영향을 끼친 미국 팝아트의 대표적인 작가가 그린 중요한 작품이라는 '미술사적인 이유'에서 비싼 것이다.

로이 리히텐슈타인(Roy Lichtenstein, 1923~1997)은 미국인들에게 아주 익숙한 만화나 잡지사진에서 한 컷을 따와 이미지를 입맛에 맞게 변형하고 인쇄물 망점이 흉해 보일 정도까지 크게 확대를 한 뒤 캔버스 위에 그대로 다시 그린다. 현대인들이 의존하는 인쇄기술이 사실은 망점 여럿을 찍어 만든 눈속임에 불과하다는 것이 드러난다. 그리고 색깔은 어찌나 조악한지……. 리히텐슈타인은 우리 현대인들이 얼마나 싸구려 문화에 파묻혀 사는지를 이런 방법으로 은근슬쩍 보여준다. 자기 목소리를 내지 않는 듯 하면서 쿨하고 세련되게 현대사회를 풍자하는 전형적인 팝아트 기법이다. 이런 리히텐슈타인식 만화 기법 역시 오늘날까지 많은 나라의 화가들에게 영향을 끼치고 있다. 그런 미술사적인 이유에서 리히텐슈타인은 비싼 작가가 됐다. 그는 아트프라이스닷컴이 꼽은 비싼 작가 순위에서 2005년 11위, 2006년 10위로 계속 올라가고 있다.

국가의 '빽', 딜러와 컬렉터의 영향력

미국의 대표적인 미술인 팝아트가 비싼 것은 결국 미국이라는 국가의 '빽'이 중요하다는 얘기이기도 하다. 이제부터는 '국가의 빽'에 대해 좀 더 집중적으로 보겠다. 아트프라이스닷컴 조사에 따르면, 2007년을 기준으로 전 세계 경매시장의 점유율은 미국이 41.7%로 1위다. 미국은 국제적 시장이기 때문에 미국에서 작품을 사는 사람의 국적은 매우 다양하다. 하지만 미국의 시장점유율이 크다는 것은 곧 미국인들의 미술품 구매력이 크다는 것으로도 해석할 수 있다.

미국인들은 당연히 미국의 가치를 높이는 작품을 사는 데 많은 돈을 쓰게 된다. 책의 앞부분에서 설명했듯, 어느 작품이나 지역에 따라 잘 팔리는 곳이 따로 있다. 팝아트처럼 전형적인 미국 미술은 다른 어떤 나라에서보다 미국에 수요자가 많고, 미국에서 잘 팔린다. 팝아트의 가치가 치솟은 이유에는 이런 시장의 역학관계가 작용한다.

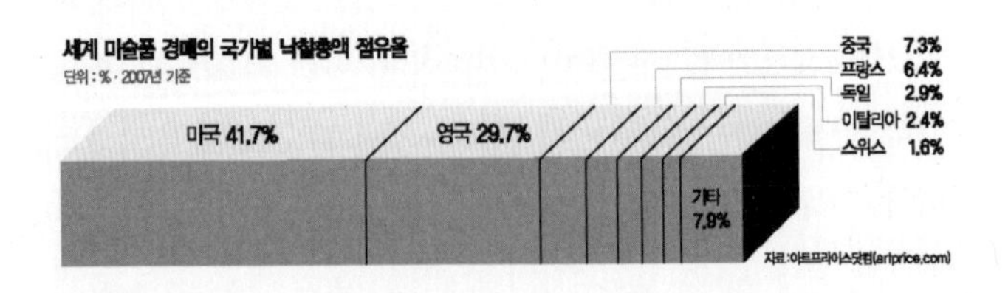

눈여겨 볼 사항은 중국(7.3%)이 프랑스(6.4%)를 제치고 3위 자리에 올랐다는 것이다. 2000년대 이후 세계가 중국을 바라보는 시각이 바뀌고 중국의 경제가 크게 성장한 것이 이 나라 미술시장의 파워를 뒷받침했다.

미국 추상표현주의 작가도 블루칩

미국의 힘을 보여주는 화가로는 잭슨 폴록, 마크 로스코 같은 추상표현주의 작가들도 있다. 뉴욕타임스는 2006년 11월에 "잭슨 폴록의 '작품 5번(No.5)'이 개인거래를 통해 1억4000만 달러에 팔렸다"고 보도했다. 할리우드의 엔터테인먼트 사업가인 데이비드 게펜이 뉴욕에 사는 멕시코 출신의 금융업자 데이비드 마르티네즈에게 팔았다는 것이었다.[22] 경매와 개인거래 모두 통틀어 가장 비싸게 팔린 작품이었다. 비록 경매에서 확인된 가격은 아니지만, 폴록이 피카소보다 비싸게 팔린 것은 이례적이며 의미가 있다.

마크 로스코(Mark Rothko, 1903~1970)는 현대미술품 경매의 최고 기록을 가진 작가다. 2007년 봄 뉴욕 소더비에서 마크 로스코의 '화이트센터(White Center)'가 당시 환율로 약 670억 원인 7280만 달러에 낙찰돼 '제2차 세계대전 이후 및 현대미술' 부문의 최고 기록을 경신했다. 로스코의 또 다른 추상화 '마티스에게 바치는 경의'는 그보다 2년 전인 2005년 11월에도 당시 환율로 235억 원인 2240만 달러에 팔려 그 당시 시점에서 현대미술 최고 기록을 세웠다.

잭슨 폴록과 로스코는 어떤 미술사적인 의미가 있기에 비싼 것일까? 이들이 대변하는 미국의 '추상표현주의(Abstract Expressionism)' 미술이 미국인들이 아주 중요하게 생각하는 미술이라는 데에 그 해답이 있다.

서양미술사에서 추상표현주의는 크게 '색면회화(Color Field Painting)'와 '액션페인팅(Action Painting)'의 두 경향으로 나뉘는데, 로스코는 색면회화의 대표적 작가다. 말 그대로 몇 가지 색깔의 넓은 면 한 두 개를 그린 서정적 추상화다. '액션페인팅'은 잭슨 폴록(Jackson Pollock, 1912~ 1956)이 대변하는 경향으로, 캔버스를 바닥에 놓고 붓으로 물감을 자유롭게 떨군 격정적인 추상화다. 둘 다 미국이 유럽의 장식적이고 여성적인 미술에서 벗어나 힘 있고 독창적인 추상화 영역을 개척했다는 것을 입증한 미술이었다.

잭슨 폴록의 「No. 5」(1948년작)

제2차 세계대전 직후 미국의 미술은 유럽에 유학을 갔다 온 화가들이나 유럽에서 전쟁을 피해 미국으로 온 화가들에 의해 주도되었다. 그런데 미국인들이 보기에 유럽 미술은 모네, 르느와르 같은 귀족적이고 여성적인 미술이었다. 이 때 아름다운 외부 환경을 묘사하는 것에서 벗어나, 작가 내면의 세계를 자유롭게 표현한 추상표현주의는 미국 미술의 경건함과 우수성을 널리 알린 애국적인 미술이었다. 미국의 미술이 더 이상 유럽의 영향을 받지 않고 독자적 영역을 개척했다는 것도 보여줬다. 그렇기에 미국인들은 마크 로스코나 잭슨 폴록에게 '비싼 값'으로 경의를 바치고 있다.

중국미술 가격도 중국의 '빽'

2000년대 들어 중국현대미술의 값이 올라가는 것도 중국의 국가파워를 무시하고는 설명할 수 없다. 아트프라이스닷컴 자료에 따르면 2007년 경매에서 비쌌던 현대미술작가 100명 중 36명이 중국작가였다. 또다른 미술시장 분석기관인 아트택틱닷컴이 2007년 5월에 전문가들을 대상으로 설문 조사한 결과, 미래의 전망 있는 시장으로는 미국과 서유럽에 이어 중국이 3위를 차지했다. 중국현대미술은 독특한 조형성, 유머러스한 사회풍자 등 예술적인 측면에서 분명 매혹적이다. 하지만 여기에서도 역시 국가의 '빽'을 간과할 수 없다. 실제로 아트택틱의 보고서에서는 중국현대미술의 미래를 밝게 보는 이유 중 하나로 '세계미술시장에서 아시아인과 중국인들의 구매력이 커지고 있기 때문'을 들었다. 미술품 가격을 정하는 요인 중에는 '국가의 힘'이 분명 중요하다.

후대작가들에게 끼친 영향이 큰 작가

어느 분야에서나 훌륭한 사람은 그 사람 이후 세대에 큰 영향을 끼친 사람이다. 미술 분야에서도 마찬가지다. 월간지 『아트뉴스』가 2007년 11월호에서 '105년 후 살아남을 작가'를 발표할 때, 설문에 답했던 전문가들이 선정의 기준으로 삼은 것을 공개했다. 이는 유머, 접근가능성, 다른 작가들에게 끼친 영향, 실험정신(독창성), 치열한 정신세계 등이었다. 이 중 특히 중요한 것이 '다른 작가들에게 끼친 영향'이다. 미술사적인 중요성과 같은 맥락에서 이해할 수 있다. 팝아트가 반세기 동안 전 세계 현대미술에 큰 영향을 끼치는 것을 보면 알 수 있다.

남성 소변기에 'R. Mutt'라 서명만 해 '샘'이라 제목 붙인 뒤 전시회에 내놓았던 뒤샹이 훗날 비싼 작가가 된 것도 이런 영향력 때문이다. 그는 '레디메이드' 상품에 작가의 아이디어만 보태면 미술작품이 된다는 것을 보여준 선구자다. 오늘날까지 거의 모든 현대미술 작가들이 뒤샹의 영향을 받고 있다.

거슬러 올라가 보면, 피카소가 한 세기 동안 내내 가장 비싼 작가로 군림하는 이유도 이후 세대들에게 끼친 영향 때문이다. 피카소는 원근법을 무시했고, 앞·뒤·옆 등 서로 다른 시점에서 본 사물의 모습을 2차원 한 평면 안에 다 담아 그렸다. 르네상스 이후 400년 동안 서양미술에서 가장 당연한 원칙으로 여겨왔던 기본 규칙을 완전히 무시한 화가였다. 그런데 피카소 이후의 전 세계의 화가들은 이전의 각종 '규칙'에서 해방됐다. 따지고 보면 피카소 이후의 거의 모든 화가들이 피카소의 영향권 아래 있는 셈이다. 이렇게 후대 작가들에게 끼친 영향이 크니 당연히 그는 가장 비싼 작가일 수밖에 없다.

우리나라에서는 박수근이 비싼 이유

우리나라의 경우 현대미술의 역사와 미술시장의 역사가 짧다. 경매에서 비싸게 팔리는 작가들이라 해도 그 가격이 적절한지에 대해 많은 사람들이 공감하지 못하는 경우가 많다. 그래서 한때 블루칩으로 칭송 받던 작가가 단기간에 값이 하락하기도 하고, 또 전혀 새로운 작가가 갑자기 비싸지기도 한다. 이 때문에 끊임없이 논란을 빚는다. 우리 미술시장에서 '비싼 화가'로서 안정적으로 자리 잡은 사람이라면 박수근 정도다. 그럼 우리나라에서는 박수근이 왜 비싼 화가일까?

박수근은 2000년대 들어 한국 미술시장의 활성화를 선도하면서 경매 때마다 최고가 릴레이를 벌여왔다. 2001년에 처음 4억6000만 원에 낙찰돼 관심을 끌고, 이후 5억 원(2002년), 9억 원(2005년), 10억4000만 원(2006년), 25억 원(2007년), 45억2000만 원(2007년)으로 가파르게 기록을 경신했다.

박수근을 앤디 워홀, 잭슨 폴록, 마크 로스코 같은 비싼 미국작가들과 비교해보면 공통점이 하나 나온다. 다른 나라에는 없는, '그 나라만의 독특한 스타일'을 일궈냈다는 점이다. 박수근은 1950년대 후반부터 1960년대까지 전후戰後의 전형적인 우리 생활상을 그렸다. 동시대 다른 화가들이 일본 유학을 통해 간접적으로 서양미술사조 영향을 받은 것과 달리 박수근은 정식 미술교육을 받지 않았기 때문에 오히려 독특한 그만의 스타일을 추구할 수 있었다. 우리의 흙 느낌이 나면서 기름기가 없는 독특한 마티에르(두꺼운 질감) 화풍은 근대 작가 누구에게서도 찾아 볼 수 없는 스타일이다.

역사가 짧은 우리 현대미술시장에서 박수근은 그나마 꾸준히 시장에서 거래가 되어왔기 때문에 어느 정도 가격형성이 돼 있다는 점 역시 간과할 수 없다. 비싼 작가의 조건 중 하나가 웬만큼 작품 수가 받쳐줘야 한다는 점이다. 시장에서 수급이 꾸준히 이뤄져 가격형성이 되지 않았으면 안심하고 사고 팔 수가 없다. 너무 작품을 남발한 것도 문제지만, 몇 점 남기지 않아 시장에서 가격형성이 되지 않아도 문제다.[23] 피카소와 앤디 워홀은 워낙 작품을 많이 남긴데다가 미술관뿐 아니라 개인에게 소장돼 있는 작품도 많기 때문에 어느 현대미술 경매 때나 작품이 빠지지 않고 나온다. 자연히 환금성이 높다. 박수근도 마찬가지다. 박수근 작품을 가지고 있으면 언제든 팔 수 있다. 이런 '환금성'은 작가의 시장적 가치를 결정하는 중요한 요인이다.

최근 들어 위작 논란을 자주 빚는 국내 상황에서, 이중섭 등 다른 인기 화가들과 비교했을 때 박수근은 상대적으로 위작도 적고 위작이 나와도 쉽게 표가 난다는 사실도 중요하다. 투자자들이 안심하고 투자할 수 있기 때문이다.

박수근은 우리나라에서만 통용되는 이른바 '내수용 작가'인데도 불구하고 해외의 어느 유명 작가 못지않게 비싸다. 이는 어느 작가나 사랑 받는 지역이 따로 있기 때문이다. 우리나라에서 고가의 그림을 사고 즐기는 층은 50~60대 상류층인데, 박수근이 담아내는 1950~1960년대 우리의 모습은 이 컬렉터층의 정서에 가장 잘 맞는다. 박수근처럼 어느 나라에서나 그 나라에서만 비싸게 거래되는 내수용 작가는 있게 마련이고, 이들은 종종 국제적인 유명작가들보다 비싸다.

그 밖의 요인들

유명한 영화배우의 패션이나 헤어스타일은 많은 사람들이 따라 하고 싶어 한다. 주식투자의 대가가 어떤 주식에 투자를 하고 있는지는 누구나 알고 싶어 한다. 그림도 마찬가지다. 유명한 컬렉터, 유명한 미술관이 집중적으로 구입하고 있는 작가라면 그 시장적 가치 또한 올라간다. 삼성그룹이 어떤 미술작품을 집중적으로 샀다면 대부분의 사람들은 대체 그 작가가 어떤 작가인지 관심을 가지게 된다. 홍라희 삼성미술관 리움 관장이 한국 미술계를 움직이는 인물 1위에 뽑히는 것은 이런 이유에서다.

유명 컬렉터와 딜러가 뒷받침하는 작가는 실제로 값도 올라간다. 미국의 제프 쿤스, 영국의 대미언 허스트는 각국의 대표적인 비싼 작가다. 그 이유는 여럿이지만, 이들을 다루는 화랑이 세계에서 둘째라면 서러울 가고시안 갤러리이고, 영국의 찰스 사치, 미국의 스티븐 코헌 등 세계적으로 유명한 컬렉터들이 이들의 작품을 산다는 것은 무시할 수 없는 매우 중요한 이유다.

비싼 작가들이 비싼 이유는 이렇게 다양하다. 여러 사람이 좋아할 수 있고, 여러 사람의 눈에 익숙한 작품인지도 중요하다. 너무 어렵거나 너무 특이해서 아주 특별한 일부만 즐길 수 있는 작품이라면 나중에 되팔 때 살 사람이 적기 때문에 환금성에서 떨어진다. 박수근이나 앤디 워홀을 생각하면 이해가 된다. 이들의 그림은 그 나라의 보편적 감성에 호소할 수 있는 정서적 조건을 갖춘데다가, 달력이나 아트상품으로 이미지를 재생산하기도 좋다. 사람들은 아무래도 많이 본 이미지, 눈에 익숙한 이미지에 더 정을 느끼고 값을 치르게 마련이다.

일반인이 소장하고 보존하기에 용이해야 잘 팔린다는 점도 간과할 수 없다. 물론 요즘 현대미술은 하도 희한한 재료를 많이 써서, 대미언 허스트처럼 죽은 상어를 포름알데히드 용액에 넣어 박제 처리한 1200만 달러짜리 설치작품이 부패해서 문제를 일으키기도 한다. 하지만 이는 아주 특수한 경우이고, 대부분의 경우 일반인이 소장하고 보존하기 어려운 작품은 높은 가격에 거래되기 어렵다. 백남준이 이런 경우다. 그는 캔버스와 물감 대신 비디오 모니터로 작품을 만드는 '비디오 아트'

의 세계적인 선구자다. 요즘은 화가들이 붓과 물감을 던지고 영상, 컴퓨터 프로그램 등으로 작품을 하는 게 너무나 자연스럽지만 백남준은 1950년대에 이미 이런 시도를 했다. 이런 점에서 볼 때 그의 미술사적인 중요성과 후대 작가들에게 끼친 영향은 피카소나 앤디 워홀 못지않다. 하지만 백남준 작품의 값은 그 정도는 아니다. 지금까지 가장 비싸게 거래된 것이 2007년 11월 홍콩 크리스티에서 약 6억 원에 낙찰된 비디오 설치작품 '라이트 형제'다. 미술사적으로 중요한 다른 작가들에 비하면 턱없이 낮은 가격이다. 이는 백남준의 작품을 개인 소장자들이 소장하기 버겁고, 고장이 났을 때 교체나 수리가 쉽지 않다는 이유 때문이다. 미술작품 가격을 결정하는 요인에는 이런 실용적인 이유도 무시할 수 없다.

컬렉터 되어 보기

사기 전에 우선 그림을 보자

남편이 어느 날 한 미술관 기획 전시를 보고 와서 말했다.

"아까 본 겸재 정선의 '인왕제색도', 계속 생각나고 눈앞에 어른거려. 보고, 보고, 또 봤는데, 또 보고 싶다."

바로 이 때다. 어떤 그림이 자꾸 보고 싶고 눈에 밟힌다면, 바로 그 때가 그림을 살 준비가 된 것이다. 그림을 보러 다니는 것에 재미가 붙어서 자꾸 여러 전시를 보러 다니고, 그러다가 좋아하는 작품과 좋아하는 작가가 생기고, 마침내 어떤 작품이 눈앞에 어른거려서 내 곁에 둬야겠다 생각이 들면, 그때가 비로소 그림을 살 때인 것이다. 이런 과정 없이, 전시도 한

번 보러 다니지 않다가 무조건 "요즘 어떤 작품이 뜨나?" "그림 하나 사게 추천해줘" 하는 사람들이 있다. 이런 얘기를 들으면 참 난감하다. 미술작품도 매매가 되니 고급상품의 일종이고, 투자가치도 있는 게 사실이다. 하지만 미술작품을 살 때는 우선 내가 진짜 그 작품을 좋아하는지부터 생각해야 한다. 그렇지 않고서 나중에 그 그림 값이 떨어졌다고 가정해보자. 얼마나 비참하고 기분이 나빠질까? 아마 미술 자체가 싫어질지도 모른다.

미술작품은 갤러리, 아트페어, 경매회사 등에서 살 수 있다. 하지만 이런 곳들을 가기 전에 미술관에 먼저 재미를 붙이는 게 순서다. 미술관은 비영리 기관이다. 작품을 파는 게 목적이 아니기 때문에 상업성이 있건 없건 다양한 작가들의 작품 세계를 보여준다. 또 관객을 교육하고 작품을 보존 연구하는 게 미술관의 주된 설립목적이므로 미술을 이해하는 데 도움이 되는 각종 교육 프로그램도 미술관에 많이 있다.

갤러리 전시도 미술관 전시 못지않게 중요하다. 갤러리는 작품을 파는 것을 목적으로 하는 전시공간이다. 따라서 잘 팔리는 작가, 요즘 대중에게 인기를 끄는 작가를 위주로 전시하는 것이 미술관과 가장 다른 점이다. 그래서 미술사적인 가치나 어떤 특정 '주제'보다는 작가 개인 중심으로 하는 전시가 많다. 갤러리가 상업적인 공간이기는 해도, 전속 작가를 가지고 있는 제대로 된 갤러리라면 어느 한 작가의 신작 시리즈, 또는 평생에 걸친 작품세계를 일목요연하게 보여줄 수 있다.

이렇게 미술관이나 갤러리의 전시를 틈틈이 보면서 미술과 가까워진 뒤에야 그림을 살 준비가 되었다고 볼 수 있다. 어떤 작가의 어떤 작품을 살 것인지는 뭐니 해도 자기 눈으로 먼저 결정을 내려야 한다. 전문가들의 조언도 중요하지만, 자기 눈이 먼저고 그 다음이 전문가들의 조언이다.

필자의 경우에는 작가를 직접 만나보고 그 작가가 마음에 들 때 더욱 그의 작품을 사고 싶어진다. 일반인이 작가를 만나기 가장 쉬운 방법은 전시 첫날인 '오프닝' 때 전시를 보러 가는 것이다. 오프닝 때는 작가는 물론이고 그 전시를 기획한 큐레이터 등 전시 관계자들이 모두 나와 있다. 개인전인 경우에는 전시 기간 내내 작가가 전시장에 나와 있는 경우도 많다. 미리 화랑에 전화를 해서 언제쯤 가면 작가를 볼 수 있는지 물어보는 것도 좋은 방법이다. 전시 때 기회를 놓치면 나중에 따로 화랑이나 미술관에 연락을 해서 작가와 약속을 잡기는 어렵다.

경매 외에는 어떤 미술시장이 있나

미술관과 달리 화랑이나 경매회사는 순전히 그림을 팔기 위한 목적으로 전시를 하는 곳이다. 그래서 돈주머니를 들고 미술품 쇼핑을 하기 위해 나섰다면 화랑이나 경매장 또는 아트페어에 가 볼 수 있다.

화랑이나 경매장 프리뷰 전시장은 대부분 입장료가 없다.

들어가서 작품을 훼손하지만 않는다면 누가 와서 무엇을 보든 아무도 상관하지 않는다. 세계적으로 손꼽히는 화랑들이 모인 뉴욕 맨해튼의 갤러리 동네인 첼시(Chelsea)에서도 반바지 차림의 관광객들이 아무 갤러리나 들어가서 마음대로 구경하고 나온다.

아트페어

경매에 가기는 아직 겁나고, 화랑에는 아는 사람이 없어서 꺼려지는 일반인이라면 우선 아트페어에서 시작해 볼 수 있다. 아트페어는 화랑 수백 개가 부스를 하나씩 차리고 한 자리에 모여 한꺼번에 작품을 전시·판매하는 '미술 5일장'이다. 이 화랑 저 화랑 따로 다닐 필요 없이 한 자리에서 여러 작가의 다양한 작품을 한번에 쇼핑할 수 있다. 반나절 동안 발이 아프게 한 바퀴 돌고 나면 요즘 잘 팔리는 작가는 누군지, 어떤 작품이 인기가 있는지, 한눈에 파악할 수 있다. 인기 작가부터 신인 작가까지, 비싼 작품부터 싼 작품까지 하루 동안 보고 비교하는 곳이다. 비교적 저렴한 소품도 쉽게 찾을 수 있다.

하지만 솔직히 말해, 작가들의 '베스트 작품'은 아트페어보다는 화랑 전시에서 더 많이 볼 수 있다. 이미 전시를 통해 팔린 작품이 다시 아트페어에 나올 수는 없기 때문이다.

아트페어에 가서 한번 둘러 보면 발이 퉁퉁 부을 정도로 힘이 든다. 시간을 충분히 들일 각오를 해야 하고, 신발도 편안한 운동화 같은 것을 신고 가는 게 좋겠다. 작품이 빽빽하게

국내 주요 아트페어

이름	개최시기(대략)	주최	전화
KIAF(한국국제아트페어)	5월	한국화랑협회	02)6000-2501
화랑미술제	9~10월	한국화랑협회	02)733-3706~8
SIPA(서울국제판화사진 아트페어)	9~10월	한국판화미술진흥회	02)521-9613
마니프서울국제아트페어	10월	마니프조직위원회	02)514-9292
아트서울 · 한국구상대제전	5월	아트서울조직위원회	02)514-9292

늘어선 시끄러운 장터라서 여유 있게 미술관 전시를 감상하는 것과는 분위기가 다르다.

국내에서 하는 아트페어 중 가장 규모가 크고 권위 있는 것은 한국화랑협회가 매년 여는 '한국국제아트페어(KIAF)'다. 키아프에는 국내의 주요 화랑이 모두 참여한다. 다만 외국 화랑들의 경우 권위 있는 유명 화랑들은 아직 오지 않는다. 키아프에서는 일반인을 위한 강의 등 부대행사를 많이 마련한다. 한국화랑협회는 매년 화랑미술제라는 아트페어를 한 번 더 연다. 키아프만큼 권위 있지는 않지만 이 역시 많은 국내 화랑이 참여하는 대규모 장터다. 9~10월 예술의전당에서 열리는 '마니프'도 주요 아트페어 중 하나다. 마니프는 일반 아트페어처럼 화랑들이 주최가 되어 참여하는 게 아니라, 주최측에서 선정한 작가들이 작가별 부스를 가지고 참여한다.

해외 아트페어 중 가장 권위 있는 것은 매년 6월 스위스 바젤에서 하는 '바젤 아트페어'다. 아트페어는 장사를 하는 곳이

해외 주요 아트페어

이름	국가	시기(대략)	홈페이지	전화
바젤(Basel)	스위스	6월	www.artbasel.com	(41)61-686-2020
바젤 마이애미	미국	12월	www.artbasel.com	(41)61-686-2020
아모리쇼(The Armory Show)	미국	3월	www.thearmoryshow.com	(1)212-645-6440
프리즈(Frieze)	영국	10월	www.friezeartfair.com	(44)20-7025-3970
쾰른(Cologne) 아트페어	독일	11월	www.artcologne.com	(49)221-821-2245
아르코(Arco)	스페인	2월	www.arco.ifema.es	(34)91-722-50-80
피악(FIAC)	프랑스	10월	www.fiacparis.com	(33)1-41-90-47-80
CIGE(중국국제화랑박람회)	중국	4월	www.cige-bj.com	(86)10-6554-6950~1

므로 아무래도 상업의 중심지이거나 돈 있는 컬렉터들이 잘 모이는 곳에서 열리게 마련이다. 그래서 유명한 아트페어들은 뉴욕, 런던, 파리, 바젤, 마이애미 등에서 열린다. 바젤 아트페어 외에도 뉴욕의 아모리쇼, 파리의 피악, 런던의 프리즈 등이 세계적으로 인정 받는 아트페어들이다. 매년 12월 미국 마이애미 해변에서 열리는 '바젤 마이애미' 역시 권위 있는 아트페어다. 스위스 바젤 아트페어 조직위원회가 미국의 부자들을 겨냥해 이들이 겨울철 휴가를 보내는 마이애미에 창설했다.

하지만 해외라고 해서 꼭 부자들을 위한 아트페어만 있는 것은 아니다. 2000년대 들어 해외시장에서도 중저가 아트페어가 유행처럼 생기고 있다. 아트 스코프(Art Scope)가 대표적인 예다. 뉴욕, 마이애미, 로스앤젤레스, 런던, 파리 등에서 열리지만 메이저 아트페어와 달리 신인 작가, 에디션이 많은 저렴한 사진, 판화 등 비교적 낮은 가격의 작품에 초점을 맞춘다. 이렇게 메이저 아트페어들이 열리는 도시에서 같은 시기에 열리는 '위성 아트페어'에서는 비교적 저렴한 가격의 작품을 찾을 수 있다.

아트페어에 가면 꼭 작품을 사지 않더라도 가격을 확인해 보는 습관을 들이는 게 좋다. 시장 흐름을 파악하는 데 도움이 된다.

화랑

미술의 여러 유통시장 중 아직까지 일반인에게 가장 문턱이 높은 곳은 화랑이다. 화랑의 기본역할은 작가를 찾아내 대중들에게 소개하는 것이다. 물론 화랑의 전시장은 누구에게나 열려 있다. 하지만 작품을 사는 것은 별개의 문제다. 대부분 작가의 경우 작품을 사는 게 어렵지는 않다. 하지만 인기가 있는 작가의 경우 사려는 사람의 경쟁이 붙고, 따라서 화랑에서 전시가격(한 작가의 작품이 전속화랑에서 처음 전시될 때 매겨진 가격)에 작품을 사는 기회는 우선 그 화랑의 단골손님들에게 먼저 주어지는 게 현실이다.

전속 작가를 찾아내 기획전을 하지 않고 인기 있는 작가들의 이 작품 저 작품을 여기저기에서 구해다 늘어놓고 팔기만 하는 화랑은 주의해야 한다. 간판만 화랑이지 그냥 그림 중개상에 불과하다. 가격도 바가지인 경우가 적잖이 있다. 하지만 이런 '무늬만 화랑'들이 우리나라에는 아주 많이 있어서 일반인이 속기 쉽다. 따라서 그림쇼핑을 지속적으로 하려면 믿을 수 있는 단골화랑을 만들어 놓는 것도 중요하다.

개인 거래

앞서 말했듯, 미술관은 작품을 판매하는 곳은 아니다. 하지만 미술관 전시를 보다 보면 거기 전시된 어떤 작품을 사고 싶을 때가 있다. 이럴 때는 그 작가를 거래하는 화랑이 어디인지 미술관에 문의를 해서 그 화랑을 통해 사면 된다.

신문기사를 보다 보면 '개인 거래'를 통해서 샀다는 말이 나오는데 이는 아는 개인딜러를 통해서 사거나 작가에게서 직접 샀다는 얘기다. 아직 전속화랑이 없거나 시장거래가 형성되어 있지 않은 작가라면 작가에게서 직접 사는 수밖에 없다. 다른 개인 소장자가 가지고 있는 작품을 딜러에게 소개를 받는 식으로 해서 직접 살 수도 있다. 고수 컬렉터들이 이런 개인 거래를 통해 사고파는 경우가 의외로 많다. 이 경우 경매나 화랑에서 사는 것에 비해 중개 수수료가 적게 들지만, 작품에 붙는 가격 프리미엄도 그만큼 줄어든다.

권위 있는 경매회사나 화랑에서 사면 수수료가 많이 들지만, 나중에 되팔 때 이런 소장 경로가 가격에 중요한 영향을 끼친다. 다른 어떤 물건을 살 때나 미술작품을 살 때나 마찬가지다. 돈이 들면 드는 만큼 값을 하고, 돈이 안 들면 안 드는 만큼 위험부담이 있다.

외국 경매회사

외국 작가들의 좋은 작품은 당연히 국내 경매보다는 외국 경매에 훨씬 많이 나온다. 소더비나 크리스티 같은 세계적 수준의 경매회사도 누구에게나 문이 열려 있다. 하지만 일반인이 맨땅에 헤딩하는 식으로 이런 경매회사에 가서 응찰하려면 여간 복잡한 게 아니다. 부수 비용이 많이 들고, 경우에 따라서는 은행 잔고를 증명해야 할 때도 있다. 그래서 외국 경매나 화랑에서 살 때는 보통 국내 화랑 또는 그 경매회사의 국내 지사(크리스티만 한국에 지사를 두고 있다)를 통해 간접적으로 사는 경우가 많다.

그림 살 때 체크 포인트

반드시 직접 보기

그림을 사기 전에는 당연히, 무슨 일이 있어도 직접 봐야 한다. 이는 너무 당연하지만 의외로 무시하는 사람들이 있다.

미술작품은 이미지로 보는 것과 실물의 느낌이 크게 차이 나는 경우가 많다. 무엇보다도 도록으로 봐서는 작품 크기를 정확히 짐작하기 어려운데, 크기에 따라 작품의 느낌은 완전히 달라진다. 또 직접 보지 않고서는 작품의 보존 상태를 체크할 수 없다. 경매회사는 일단 낙찰한 작품에 대해서는 보존 상태가 잘못되었다고 해서 반환해 주지 않는다. 낙찰을 하기 전에 꼼꼼하게 작품 상태를 체크하는 것은 소비자의 몫이다.

작품 크기, 호수별 면적 비교표 (Figure) 인물형 기준

호수	크기(cm)	면적(㎠)	비율	상수
0	18.0 x 14.0	252	0.7	
1	22.7 x 15.8	358.7	1	1
2	25.8 x 17.9	461.8	1.3	1.5
3	27.3 x 22.0	600.6	1.7	2.0
4	33.4 x 24.2	808.3	2.3	2.5
5	34.8 x 27.3	950	2.6	2.5
6	40.9 x 31.8	1300.6	3.6	3.5
8	45.5 x 37.9	1724.5	4.8	5
10	53.0 x 45.5	2411.5	6.7	7
12	60.6 x 50.0	3030	8.4	8.5
15	65.1 x 53.0	3450.3	9.6	10
20	72.7 x 60.6	4405.6	12.3	12
25	80.3 x 65.1	5227.5	14.6	15
30	90.9 x 72.7	6608.4	18.4	18
40	100.0 x 80.3	8030	22.4	22
50	116.8 x 91.0	10,628.8	29.6	30
60	130.3 x 97.0	12,639.1	35.2	35
80	145.5 x 112.1	16,210.6	45.2	45
100	162.2 x 130.3	21,134.7	58.9	60
120	193.9 x 130.3	25,265.2	70.4	70
150	227.3 x 181.8	41,323.1	115.2	115
200	259.1 x 193.9	50,239.5	140	140
300	290.9 x 218.2	63,474.4	177	180
500	333.3 x 248.5	82,825	230.9	230

※정리: 한국미술경영연구소

그림 크기 체크

우리 나라에서는 아직까지는 '호당 가격'이라는 말을 쓰고 있다. '호號'는 서양화 캔버스 크기를 나타내는 단위다. 캔버스는 가로폭의 비율에 따라 F형(Figure: 인물화), P형(Pasage: 풍경화), M형(Marine: 바다풍경화)으로 나뉜다. F형에서 M형으로 갈수록 가로

폭의 비율이 낮아진다. 0호는 세로 18.0cm를 기준으로 F형일 때 가로가 14.0cm, P형일 때 가로가 11.8cm, M형일 때 10.0cm다. 갈수록 작품의 크기보다는 질에 의해 작품 값이 좌우되고 있지만, 크기는 작품 값에 분명히 영향을 미친다.

얼마나 써야 하나

그림을 사면서 어느 정도 투자 성과를 기대하려면 최소한 얼마가 필요할까? 필자와 했던 인터뷰에서 세계 최고의 아트펀드 회사인 영국 '파인아트펀드(Fine Art Funds)'의 필립 호프먼(Phillip Hoffman) 회장은 "5000달러 미만의 작품은 투자가치가 없다"고 잘라 말했다. 반면 크리스티 경매회사의 에드워드 돌먼(Edward Dolman) 회장은 "그림을 사는 이유는 여러 가지가 있기 때문에 최소한 얼마 이상을 써야 한다고 말하기는 어렵다"고 말했다. 평범한 월급쟁이도 100만 원 이하에서 그림을 얼마든지 살 수 있다. 운이 좋으면 그렇게 산 작품이 나중에 비싸게 될 수 있다. 하지만 이는 매우 드문 경우라는 것만 분명히 알아두자. 반복해 강조하지만, 1000만 원 미만, 100만 원 미만으로도 얼마든지 컬렉션을 시작할 수 있다. 다만 이 경우 투자에 대해 너무 큰 집착을 하지는 말자.

미술작품을 살 때 이미 너무 비싸진 작품을 사는 것은 투자 방법으로서 별로 좋지 않다. 더 이상 값이 올라갈 확률도 적고, 되팔 때 살 수 있는 사람의 수도 적기 때문이다. 그렇다고 갑자기 등장한 너무 새로운 작가 역시 투자로는 위험하다. 잠

깐 반짝 했다가 몇 년 안에 사라지고 마는 작가들도 허다하다. 저평가되어 있지만 미래에 가치를 인정받을 수 있는 작가가 투자로 볼 때는 최고겠지만, 이런 '보는 눈'을 가지는 게 쉬운 일이 아니다. 그래서 전문가들은 대체로 시장에서나 미술사적인 평가가 '오름세'에 있는 작가가 투자로 볼 때 안전하다고 말한다. 신진작가에게 투자할 때는 국내뿐 아니라 해외에서 어떤 평가를 받고 있는지 주목하자.

경매에 응찰할 때는 예산 상한선을 두고 들어가야 한다. 그렇지 않으면 충동적으로 비싼 값에 낙찰을 하고 후회할 수도 있다. 경매를 통해 살 때는 수수료 등 부가 비용을 미리 계산해서 상한선을 두어야 한다.

정보 수집은 '돈'

미술품을 사는 사람이라면 신문, 잡지, 인터넷 등으로 미술시장의 최신 흐름을 늘 주시해야 한다. 작가들의 최근 가격 흐름도 중요하다. 하지만 안타깝게도 국내나 외국이나 판매된 작품의 정확한 가격은 경매가격밖에 알 수가 없다. 화랑이나 개인거래를 통해 팔린 작품의 정확한 가격은 공개하지 않기 때문이다. 국내의 경우 서울옥션(www.seoulauction.com)과 K옥션(www.k-auction.com)에서 과거 경매 낙찰가를 검색할 수 있다. 낙찰가는 이례적으로 나온 가격일 수 있으므로 당시 추정가가 얼마였는지를 잘 보는 게 좋겠다. 서울옥션에서는 최근의 경매낙찰가격을 토대로 시장 흐름을 분석한 '트랜드 리포트'를 비정기적으로 내놓는데 이 또한 참고할 만하다. 그림을 좋아하는 사람들끼리 모임을 가지는 것도 정보를 나누기에 좋은 방법이다.

특히 미술시장이 갈수록 국제화되고 있어서 국내는 물론 해외의 미술시장 흐름에도 눈을 뜨고 있어야 한다. 국내뿐 아니라 외국에서도 팔리는 작가는 그만큼 환금성이 좋다. 미술 전문가들이 즐겨 이용하는 해외미술시장 정보사이트는 아트넷(artnet.com)과 아트프라이스닷컴(artprice.com)이 있다. 유료로 제공하는 정보와 무료로 제공하는 정보가 나누어져 있다.

정보 수집이 쉬운 일은 아니지만, 미술에 대해 공부하는 것은 다른 어떤 공부보다 재미있다. 그리고 그림에 관심을 키워가고 싶은 사람이라면 일단 10만 원짜리 소품 한 점이라도 직접 한번 사보라고 권하고 싶다. 작은 작품이라도 자기 돈을 주고 한번 사 보면, 그 작가에 대해 저절로 열심히 공부하게 되고, 미술시장의 흐름도 열심히 '추적'하게 된다. 그냥 전시를 관람만 하던 때와는 완전히 다른 새로운 관심과 애정이 생긴다.

테마 컬렉팅

필자가 개인적으로 그림 사는 재미가 본격적으로 붙은 것은 첫 아기가 태어나고부터였다. 그 전에는 그냥 특별한 목적 없이 마음에 드는 그림을 이렇게 저렇게 산발적으로 샀다. 하지만 아기가 태어나고부터 '우리 아들 컬렉션'이라는 분명한 '테마'가 생겼다. 나만의 소중한 테마가 생기고 나니 그림 수

집에 재미가 훨씬 붙었다. 우리 아가가 좋아할만한 색깔과 모양이 들어간 그림, 어린이를 소재로 한 그림 등이 눈에 쏙쏙 들어왔고, 그림을 사면 액자 한쪽에 '기어 다니기 시작한 우리 아가를 위해' '첫 생일을 맞은 우리 아가를 위해' 하는 식으로 엄마아빠의 메모도 남겼다. 나중에 아가가 커서 엄마아빠가 자기를 위해 이런 컬렉션을 만들어주었다는 것을 보면 좋아하겠지, 하는 기대로 말이다.

'테마 컬렉션'은 그림 수집의 재미를 올려준다. 대부분 컬렉터들은 이렇게 테마를 정하고 모으라고 조언한다. 민중미술, 팝아트 하는 식으로 주제별로 모아도 좋고, 서예, 풍경화, 사진 하는 식으로 특정한 장르를 정해놓고 모아도 좋다. 이렇게 나만의 컬렉션 제목을 붙이고 나면, 작품을 보러 다닐 때 훨씬 진지하게 보게 되고, 결과적으로 컬렉션의 가치도 높아진다. 이렇게 모은 테마 컬렉션으로 전시를 하는 컬렉터들도 있다.

이름에 현혹되지 마라

박수근, 김환기, 천경자 등 '빅 네임'들이 경매에서 줄줄이 유찰되는 경우가 허다하다. 외국에서도 피카소, 반 고흐의 B급, C급 작품들이 너무 비싸게 나오면 유찰된다. 유명작가라도 B급, C급 작품은 더 이상 선호되지 않는 것이다. 초보 컬렉터들은 흔히 '누구누구래' '어디서 무슨 상 받은 사람이래'라는 '작가의 명예'에 현혹되기 쉽다. 하지만 유명작가의 B급 작품보다는 신진작가의 A급 작품이 훨씬 낫다. 투자로도 낫고,

보고 즐기기에도 훨씬 낫다.

심지어 유명작가의 유명작품을 이미지만 그대로 본떠 인쇄한 '유사 판화'를 몇십만 원씩 주고 사는 사람들도 많은데, 이는 보고 즐기기에는 괜찮지만 투자가치는 거의 없다는 것만 알아두자. 물론 인쇄가 잘 된 달력이나, 이런 인쇄물 판화를 벽에 걸어 놓고 즐기는 것은 미술사랑의 아주 좋은 방법이다. 다만 투자라고 생각하고 이런 인쇄물 판화에 수십만 원을 쓸 필요는 없다.

그 밖의 체크 포인트

미술작품을 살 때는 작품의 진위 감정서, 화랑이나 경매회사에서 끊어주는 작품보증서를 요구하는 것을 잊지 말자. 나중에 작품을 팔 때는 이런 보증서는 물론 파는 시점에서의 작품 가격을 증명할 만한 시가감정확인서도 구비하는 게 좋다. 시가감정확인서와 진위감정서는 한국화랑협회에서 운영하는 한국미술품감정연구소에서 유료로 받을 수 있다. 시가감정이나 진위감정을 받는 비용은 꽤 비싸다. 그래서 500만원 미만의 작품인 경우 사고 팔 때 이런 서류를 따로 붙이려면 배보다 배꼽이 더 큰 경우가 발생한다.

주

1) 크리스티와 소더비에서 하는 가장 중요한 경매인 근대미술경매와 현대미술경매는 '데이 세일'과 '이브닝 세일'로 다시 나뉘는데, 고가의 귀한 작품들은 '이브닝 세일'에 나온다. 이런 이브닝 세일에는 응찰자가 아니면 메인 경매장에 들어가기 어렵다.

2) Michael C. Fitzgerald, *Making Modernism: Picasso and the Creation of the Market for Twentieth-Century Art*, University of California Press, 1996, pp.15-46.

3) 아트프라이스닷컴(artprice.com) 자료에 따르면 2006년 집계를 기준으로 크리스티가 43%, 소더비가 33%, 나머지 경매회사들이 다 합해 24%를 차지했다. 특히 크리스티와 소더비의 뉴욕 경매는 세계 미술경매시장을 좌지우지한다. 경매낙찰액의 국가별 점유율을 볼 때 2006년을 기준으로 낙찰액수의 절반 정도인 46%가 미국, 즉 뉴욕에서 거래된다. 한 해 동안 전 세계에서 경매로 거래되는 미술품 총액이 64억 달러(6조 원)인데 이 중 뉴욕에서 거래되는 것이 30억 달러(2조7000억 원)나 된다.

4) 아시아에서는 홍콩에서만 경매를 하고 있지만, 도쿄, 서울 등에 사무소를 두고 컬렉터와 딜러들을 접촉한다. 서울에는 아직 크리스티 사무소만 있다.

5) Judith Benhamou-Huet, *The Worth of Art: Pricing the Priceless*, Assouline Publishing, 2001, p.45.

6) Bradley Fratello, "France Embraces Millet: the intertwined fates of The Gleaners and The Angelus", The Art Bulletin, 2003.12.1., www.encyclopedia.com에서 재인용.

7) Judith Benhamou-Huet, 앞의 책, p.50.

8) 뉴욕 크리스티와 소더비에서 매년 5월과 11월에 한번씩 열리는 '인상주의와 근대미술 경매' 및 '전후戰後와 현대미술' 경매는 연중 전 세계에서 열리는 9000여 건의 경매 중 가장 규모가 크고 가장 귀한 작품들이 많이 나와 중요하다. 이후 다른 나라의 미술시장에도 큰 영향을 끼친다. 이 두 경매가 열

리는 2주일을 보통 '옥션 위크'라 한다.

9) 2007년 6월 런던 소더비 경매에서 대미언 허스트의 약장 시리즈 중 하나인 '자장가 봄(Lullaby Spring)'이 965만 파운드(약 179억 원)에 낙찰돼 당시로서 생존 작가의 경매가격 중 최고를 기록했다. 그가 세운 '생존 작가 최고기록'은 그 해 11월 뉴욕 소더비 경매에서 제프 쿤스의 '하트'가 2350만 달러에 팔리면서 경신됐다.

10) 최완수, "간송 전형필", 간송문화 70호, 간송미술관, 107-114쪽.

11) 최완수, 앞의 책, 145쪽.

12) Sybil Gordon Kantor, *Alfred H. Barr, Jr. and the Intellectual Origins of the Museum of Modern Art*, The MIT Press, pp.190-241.

13) "The Makers of the Modern Art Market", Art and Auction, 1999.12.

14) 메리 V. 디어본, 최일성 옮김, 『페기 구겐하임: 모더니즘의 여왕』, 을유문화사, 2006, 5쪽.

15) 메리 V. 디어본, 앞의 책, 14쪽.

16) Judith Benhamou-Huet, 앞의 책, pp.34-38.

17) 정민영, "패트런, 화상, 컬렉터로 본 서양미술의 단면", 『이모션』, 2007년 겨울호, 32-37쪽.

18) "The Makers of the Modern Art Market", Art and Auction, 1999.12.

19) John Russell, "Leo Castelli, Influential Art Dealer, Dies at 91", The New York Times, 1999.8.23.

20) John Russell, 앞의 기사.

21) 오광수, "다시 보는 박수근", 『한국의 화가 박수근』, 갤러리현대, 2002, 14-17쪽.

22) Carol Vogel, "A Pollock Is Sold, Possibly for a Record Price", The New York Times, 2006.11.2.

23) 김순응, 『돈이 되는 미술』, 학고재, 2006, 100쪽.

미술경매 이야기

펴낸날 **초판 1쇄 2008년 1월 20일**
초판 4쇄 2015년 8월 7일

지은이 **이규현**
펴낸이 **심만수**
펴낸곳 **(주)살림출판사**
출판등록 **1989년 11월 1일 제9-210호**

주소 **경기도 파주시 광인사길 30**
전화 **031-955-1350** 팩스 **031-624-1356**
기획 · 편집 **031-955-1365**
홈페이지 **http://www.sallimbooks.com**
이메일 **book@sallimbooks.com**

ISBN 978-89-522-0783-8 04080

089 커피 이야기

eBook

김성윤(조선일보 기자)

커피는 일상을 영위하는 데 꼭 필요한 현대인의 생필품이 되어 버렸다. 중독성 있는 향, 마실수록 감미로운 쓴맛, 각성효과, 마음의 평화까지 제공하는 커피. 이 책에서 저자는 커피의 발견에 얽힌 이야기를 통해 그 기원을 설명한다. 커피의 문화사뿐만 아니라 커피에 대한 일반적인 정보 및 오해에 대해서도 쉽고 재미있게 소개한다.

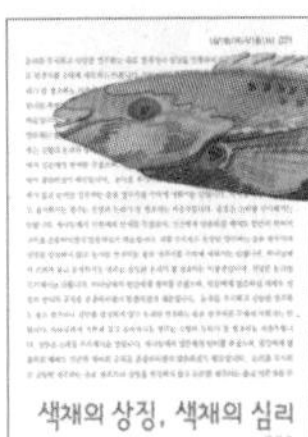

021 색채의 상징, 색채의 심리

박영수(테마역사문화연구원 원장)

색채의 상징을 과학적으로 설명한 책. 색채의 이면에 숨어 있는 과학적 원리를 깨우쳐 주고 색채가 인간의 심리에 어떤 작용을 하는지를 여러 가지 분야의 사례를 통해 설명한다. 저자는 색에는 나름대로의 독특한 상징이 숨어 있으며, 성격에 따라 선호하는 색채도 다르다고 말한다.

001 미국의 좌파와 우파

eBook

이주영(건국대 사학과 명예교수)

진보와 보수 세력의 변천사를 통해 미국의 정치와 사회 그리고 문화가 어떻게 형성되고 변해왔는지를 추적한 책. 건국 초기의 자유방임주의가 경제위기의 상황에서 진보-좌파 세력의 득세로 이어진 과정, 민주당과 공화당의 대립과 갈등, '제2의 미국혁명'으로 일컬어지는 극우파의 성장 배경 등이 자연스럽게 서술된다.

002 미국의 정체성 10가지 코드로 미국을 말하다

eBook

김형인(한국외대 연구교수)

개인주의, 자유의 예찬, 평등주의, 법치주의, 다문화주의, 청교도 정신, 개척 정신, 실용주의, 과학 · 기술에 대한 신뢰, 미래지향성과 직설적 표현 등 10가지 코드를 통해 미국인의 정체성과 신념을 추적한 책. 미국인의 가치관과 정신이 어떠한 과정을 통해서 형성되고 변천되어 왔는지를 보여 준다.

058 중국의 문화코드

강진석(한국외대 연구교수)

중국의 핵심적인 문화코드를 통해 중국인의 과거와 현재, 문명의 형성 배경과 다양한 문화 양상을 조명한 책. 이 책은 중국인의 대표적인 기질이 어떠한 역사적 맥락에서 형성되었는지 주목한다. 또한, 구체적이고 실제적인 여러 사물과 사례를 중심으로 중국인의 사유방식에 대해 설명해 주고 있다.

057 중국의 정체성

eBook

강준영(한국외대 중국어과 교수)

중국, 중국인을 우리는 과연 어떻게 이해해야 하나? 우리 겨레의 역사와 직 · 간접적으로 끊임없이 영향을 주고받은 중국, 그러면서도 아직까지 그들의 속내를 자신 있게 말할 수 없는, 한편으로는 신비스럽고, 한편으로는 종잡을 수 없는 중국인에 대한 정체성을 명쾌하게 정리한 책.

015 오리엔탈리즘의 역사

eBook

정진농(부산대 영문과 교수)

동양인에 대한 서양인의 오만한 사고와 의식에 준엄한 항의를 했던 에드워드 사이드의 오리엔탈리즘. 이 책은 에드워드 사이드의 이론 해설에 머무르지 않고 진정한 오리엔탈리즘의 출발점과 그 과정, 그리고 현재와 미래의 조망까지 아우른다. 또한 오리엔탈리즘이 사이드가 발굴해 낸 새로운 개념이 결코 아님을 역설한다.

186 일본의 정체성

eBook

김필동(세명대 일어일문학과 교수)

일본인의 의식세계와 오늘의 일본을 만든 정신과 문화 등을 소개한 책. 일본인을 지배하는 이데올로기는 무엇이고 어떤 특징을 가지는지, 일본을 주목해야 하는 이유는 무엇인지 등이 서술된다. 일본인 행동양식의 특징과 토착적인 사상, 일본사회의 문화적 전통의 실체에 대한 분석을 통해 일본의 정체성을 체계적으로 살펴보고 있다.

261 노블레스 오블리주 세상을 비추는 기부의 역사

예종석(한양대 경영학과 교수)

프랑스어로 '높은 사회적 신분에 상응하는 도덕적 의무'를 뜻하는 노블레스 오블리주. 고대 그리스부터 현대까지 이어지고 있는 노블레스 오블리주의 역사 및 미국과 우리나라의 기부 문화를 살펴보고, 새로운 시대정신으로 노블레스 오블리주를 부활시킬 수 있는 가능성을 모색해 본다.

396 치명적인 금융위기, 왜 유독 대한민국인가 eBook

오형규(한국경제신문 논설위원)

이 책은 전 세계적인 금융 리스크의 증가 현상을 살펴보는 동시에 유달리 위기에 취약한 대한민국 경제의 문제를 진단한다. 금융안정망 구축 방안과 같은 실용적인 경제정책에서부터 개개인이 기억해야 할 대비법까지 제시해 주는 이 책을 통해 현대사회의 뉴노멀이 되어 버린 금융위기에서 살아남는 방법을 확인해 보자.

400 불안사회 대한민국, 복지가 해답인가 eBook

신광영 (중앙대 사회학과 교수)

대한민국 사회의 미래를 위해서 복지는 선택이 아니라 필수라고 말하는 책. 이를 위해 경제 위기, 사회해체, 저출산 고령화, 공동체 붕괴 등 불안사회 대한민국이 안고 있는 수많은 리스크를 진단한다. 저자는 사회적 위험에 대응하기 위한 복지 제도야말로 국민 모두의 삶의 질을 높일 수 있는 길이라는 것을 역설한다.

380 기후변화 이야기 eBook

이유진(녹색연합 기후에너지 정책위원)

이 책은 기후변화라는 위기의 시대를 살면서 우리가 알아야 할 기본지식을 소개한다. 저자는 기후변화와 관련된 핵심 쟁점들을 모두 정리하는 동시에 우리가 행동해야 할 실천적인 대안을 제시한다. 이를 통해 독자들은 기후변화 시대를 사는 우리가 무엇을 해야 할 것인지에 대하여 생각해 볼 수 있을 것이다.